¿prometeo⟩ libros

PORNOCULTURA

Viaje al fondo de la carne

Claudia Attimonelli
Vincenzo Susca

PORNOCULTURA

Viaje al fondo de la carne

Traducción de Joseline Vega

prometeo
libros

Claudia, Attimonelli

   Pornocultura : viaje al fondo de la carne / Attimonelli Claudia ; Vincenzo Susca. - 1a ed. - Ciudad Autónoma de Buenos Aires : Prometeo Libros, 2020.

   150 p. ; 23 x 16 cm.

   Traducción de: Joseline Vega.

   1. Estudios Culturales. 2. Pornografía. 3. Medios de Comunicación. I. Susca, Vincenzo II. Vega, Joseline, trad. III. Título.

   CDD 306

Colección: Ciencias del Imaginario
Director: Daniel Gutiérrez-Martínez
Corrección: Elda Morales
Diagramación de interiores y diseño de portada: Yanina Pérez
Ilustración de portada: Michela Neglia
©Claudia Atimoneli/ Vincenzo Susca, *Pornocultures*. Voyage au bout de la nuit, París, 2016.

© De esta edición, Prometeo Libros, 2020
Pringles 521 (C11183AEJ), Buenos Aires, Argentina
Tel.: (54-11)4862-6794 / Fax: (54-11)4864-3297
editorial@treintadiez.com
www.prometeoeditorial.com

Índice

A pesar del tiempo, la muerte y la descomposición, seguimos juntos.

ARTHUR SCHOPENHAUER, CIT. EN. PHILIP K. DICK, *VALIS*, 1981.

Larga vida a la carne nueva.

David Cronenberg, *Videodrome*, 1982.

No hay acción ninguna, por singular que puedas suponerla, que sea verdaderamente criminal; así como ninguna que pueda llamarse realmente virtuosa. Todo es en razón de nuestras costumbres y del clima que habitamos; lo que aquí es crimen, es con frecuencia virtud cien leguas más abajo, y las virtudes de otro hemisferio podrían, a la recíproca, ser crímenes para nosotros. No hay horror que no haya sido divinizado, ninguna virtud que no haya sido reprobada.

D. A. F. Marqués de Sade, *La filosofía en el tocador*, 1795.

Bienvenido a la pornocultura

El gusto del placer nos ata al presente.
El cuidado de nuestra salud nos inmola al porvenir.

Charles Baudelaire, "Mi corazón al desnudo", en *Diarios íntimos*, 1897.

Escaparates electrónicos, lencería erótica, *jockstraps*, esposas en piel, *piercings* para pezones, gifs porno, *live cams, gay-for-gay, str8-to-gay, sex movies, chat rooms, online dating, Chatroulette, love dolls, realcore, horror porn, fucking machines, selfies* atrevidas: disoluto y ostentoso, crudo y sobreexpuesto, el porno triunfa y prolifera en todas partes, desde el tejido de la red hasta los contextos urbanos, desde las pantallas mediáticas hasta los intersticios de la vida cotidiana; invade los marcos de la vida pública, sobrecalienta las conexiones electrónicas e imbuye la sociabilidad contemporánea de humores.

¿Cuáles son los orígenes y la genealogía de esta escena convulsa? ¿Cuáles son sus efectos?

Los viajes más emocionantes parten de lejos y llegan lejos, especialmente cuando aspiran a la profundidad. Nuestra investigación, que sigue el camino de este deseo, tiene como objetivo aprehender —en el vaivén de sus superficies más vistosas y sus fundamentos más insondables, en la continuidad pero sobretodo en la brecha entre el ayer y hoy— el sentido, más que de la pornografía, de lo que sugerimos definir como la "pornocultura" contemporánea, en el sentido de que ya no estamos tratando con un sector de nicho de la oferta mediática, sino con un eje simbólico, un paradigma estético, una sensibilidad difusa de nuestro tiempo y del contexto occidental.

Bajo el impulso de estas hipótesis, nuestra propuesta aquí consiste, no en un estudio del porno o sobre el porno, sino en una interpretación del porno, de su imaginario societal y de sus prácticas, con base en la matriz inédita de la "pornoerótica", matriz sin precedentes que reestructura el alma y las formas, como trataremos de mostrar. La elección del término "pornoerotismo" está dictada por criterios interpretativos, porque es por medio de este soporte semántico que pretendemos atenuar la diferencia entre el porno y el erotismo en nombre de lo que estas dos dimensiones comparten, considerándolas como dos polos de una misma tensión. En este espacio sucede, de hecho, la reversibilidad entre *eros* y *thanatos*, que erotiza el universo porno, provocando una familiarización con sus representaciones más radicales, e inundando al mismo tiempo de libido y de imágenes *sexy* las dinámicas amorosas ordinarias. Es justamente ahí, en la fisura del aparente oxímoron "pornoerotismo", que se oculta el significado de la pornocultura. Bajo esta perspectiva, el grado de visibilidad mediática de los órganos genitales durante las relaciones sexuales importa poco, al igual que la pregunta sobre si un contenido libidinoso atropella o no el sentido del pudor, pues esto tiene sólo una pertinencia relativa: lo que nos interesa, más allá de la transparencia u opacidad de la imagen, es más bien su propensión a poner en marcha una máquina de deseo, su capacidad de accionar un dispositivo voluptuoso, en la medida en que esta afirma un instinto carnal, gracias a un increíble acceso a los instrumentos de placer, a la tecnología y la interactividad. En otras palabras, el hecho de que una tensión pornoerótica, precisamente, perturba esta escena o se origina de ella.

¿Cómo se ha ejercido esta sensibilidad desde los inicios de la modernidad? ¿Hasta qué punto se insinuó? ¿Qué nueva condición anuncia?

De hecho, después de haber desempeñado por siglos el rol de escandalizar, de fustigar la moral pública instituida y de criticar el buen gusto en nombre del placer y del cuerpo, después de haber irrigado de carnalidad eufórica, la literatura, el teatro, la fotografía, el cine, los comics, la moda, la publicidad, los canales de televisión y otros recovecos de la industria cultural, el reino del pornoerotismo confluye en la cultura *pop*, hasta el punto de constituir uno de sus pilares y, más en general, una de las bases del "sentir en común" (*Stimmung*), convirtiéndose en la figura emblemática de la emoción colectiva en el mundo actual. ¿El resultado? Una especie de pornificación del cotidiano, visible no sólo *online*, sino también en los accesorios de tiendas y mercados, en el diseño y el lenguaje común; luego entonces, una edulcoración del porno para un público extenso, regenerado en una infinidad de nuevas prácticas a través de un juego de reversibilidad constante entre lo íntimo y lo compartido, lo privado y lo público, lo personal y lo colectivo; finalmente, una radicalización del *hard* (*shock sites*, *horror porn*, proliferación de categorías y hábitos extremos).

Nuestro recorrido tiene como punto de partida un análisis sobre la historia del ojo —no es por acaso que el título del libro sea *Histoire de l'oeil*, célebre novela licenciosa de Georges Bataille—, desde la perspectiva de la mirada, y después, en la difusión social de la imprenta, los primeros fundamentos de la neutralización progresiva del erotismo en curso en el seno de la vida colectiva en Occidente al menos desde el Renacimiento. Procediendo luego por recorridos históricos y saltos de tigre benjaminianos, desde el amanecer hasta el cenit y el ocaso del humanismo, nuestra investigación nos llevará hasta el nuevo milenio, donde la crisis del individuo moderno, el derrocamiento de las estéticas tradicionales de la masculinidad y feminidad, junto con la copresencia de nuevos temas *online*, están dando forma a una pornocultura cada vez más extendida y difusa, que surgió principalmente en las redes electrónicas para expandirse sobre el entramado del territorio físico y de la vida material.

Con base en la práctica del *User-Generated Content* (UGC), las usuarias y los usuarios de la Web 2.0 proponen, en lo cotidiano, una cantidad creciente de contenidos lúbricos, alimentando los sitios llenos de videos y fotografías de *amateurs*, de las plataformas de *social* y *swinging networks*, o incluso de los intercambios privados de *selfies*, que superponen capas carnales a las relaciones afectivas mediadas por la pantalla. En este sentido, *Youporn*, *Xtube*, *xHamster*, *Gaymaletube* y *Porntube*, entre tantos otros sitios, junto con las plataformas de geolocalización con fines eróticos y todos los demás espacios de placer *online*, confirman y consolidan el vínculo cada vez más estrecho entre erotismo y medios electrónicos.

Bajo una perspectiva transdisciplinaria que abarca la sociología de lo imaginario, la filosofía, la semiótica, los *porn* y *gender studies*, la mediología y la estética, pretendemos aquí, en complicidad con el lector, considerar la ruptura epistemológica actual que emana del tejido societal, capturado por los medios y encarnado en los estilos de la vida contemporánea, de los cuales la pornocultura parece ser la causa y el efecto; es decir, un cambio de paradigma denso de consecuencias futuras.

¿Cuál es el imaginario que preside la mutación en marcha? ¿Quiénes son los protagonistas de los espectáculos pornoeróticos que marcan nuestra época? ¿Qué sacrifican y bautizan los rituales paganos, los orgasmos múltiples y los intercambios de este teatro abierto de lo obsceno?

A partir del vínculo íntimo entre los medios y la vida cotidiana, vamos a sondear las dinámicas del consumo y recreación del porno, cuestionando la manera en la que este paisaje cambia al mismo tiempo que lo hacen sus actores: la participación y el intercambio de contenidos *hot* surgen luego como pródromos de una socialidad excesiva que refleja y actualiza los claroscuros de la antigua orgía.

Siguiendo el flujo de los datos digitales actuales, las pulsaciones de la carne electrónica y la exaltación de una navegación cada vez más desenfrenada y ritmada por la voluptuosidad, por el consumo y por una búsqueda del placer que coincide con el momento en que el sujeto *desfallece*, este ensayo combina capítulos teóricos y puntos de vista sobre ciertos fenómenos del pornoerotismo contemporáneo, interpretaciones y relatos del imaginario que surgen del tejido de la *Web* y de los escenarios de la experiencia colectiva.

Saturación de la pornografía tradicional, proliferación de fetiches visuales, travesía de las fronteras rígidas del *gender* para deslizarse en un escenario erótico *transgender*, omnipresencia de la seducción, estímulo vertiginoso de los deseos, consumo y consumación del cuerpo en todas sus variantes: nos encontramos en la época de la obscenidad integral, donde la carne, *médium* y mensaje de nuestro tiempo, se hace verbo, donde el sexo está en todas partes y en ninguna.

¡Bienvenido a la pornocultura!

El viaje apenas comienza...

Claudia Attimonelli y Vincenzo Susca[*]

Bari-Montpellier, 2 de abril de 2016

---

[*] Este libro fue concebido y escrito en su totalidad a cuatro manos. No obstante, por razones de carácter técnico, precisamos que Claudia Attimonelli es la autora de los capítulos II y III, y que Vincenzo Susca es el autor de los capítulos I y IV.

"¡María!" "¡Rachel!" Ésta llora, "¡Adiós!"
se dice a sí misma, luego dirige la palabra
a María, pero no los ojos negros: "Yo",
murmura, "sí: percibí aquella flor. Estaba sola
con los escarabajos verdes. El viento
llevaba olor a rosas y violetas en hebras.
En el corazón, el fermento lánguido
de un sueño que ardió esa noche y que
se apagó al amanecer en el alma ignorante.
María, recuerdo aquella tarde tan seria.
El aire soplaba luz de ballenas
silenciosas. Me moví ligera,
cautelosa, hasta los suaves montículos
de hierba. Mis pies sostenían la espesa
hierba. ¿Sonreír? Escuchaba que me decía: ¡Ven!
¡Ven! ¡Y fue mucha la dulzura! ¡mucha!
tanta, (la otra, sorprendida,
mira hacia arriba y ve ahora, y escucha
con un largo escalofrío....) que te ves morir!"

Giovanni Pascoli, Digital Purpurea, 1898.

I

GENEALOGÍAS

El mundo familiar, el mundo en el que los hombres se habían instalado, seguros y cómodos, ya no existe. El alboroto de la llegada dionisíaca lo ha barrido. Todo se ha transformado. Pero no en un cuento amable, en un paraíso de infantil ingenuidad. Surge el mundo ancestral, las honduras del Ser se han abierto, las formas primigenias de todo lo creativo y destructor con sus infinitos dones y sus terrores infinitos se alzan trastocando la inocua imagen del mundo familiar perfectamente ordenado. No traen ensueño ni engaño, traen la verdad… una verdad que enloquece.

WALTER FRIEDRICH OTTO, *DIONISO. MITO Y CULTO*, 1933.

La orgía no es la situación extrema a la que llegó el erotismo en el marco del mundo pagano. La orgía es el aspecto sagrado del erotismo, allí donde la continuidad de los seres, más allá de la soledad, alcanza su expresión más evidente.

GEORGES BATAILLE, *EL EROTISMO*, 1957.

La carne es triste, ¡ay!, y todo lo he leído. ¡Huir! ¡Huir!

STÉPHANE MALLARMÉ, *BRISA MARINA*, 1865.

El Renacimiento, la Reforma y el giro barroco

En cuanto a ese amor que el cristianismo, los modernos, las almas caballerescas predican al espíritu, no creo en él. Sí, mírame de nuevo, soy mucho peor que una hereje, soy una pagana.

LEOPOLD VON SACHER-MASOCH, LA VENUS DE LAS PIELES, 1870.

No espere que su mirada se vuelva de inmediato a las escenas lúbricas: la pornocultura no es única y simplemente la sobrexposición del eros ultrajando el pudor, ni se reduce a la proliferación de orgías, de libertinajes y de prácticas extremas del placer, sino más allá de nichos bien circunscritos de la sociedad. Que quede claro: antes de estas excrecencias –derivadas de la carne– *lo porno* hoy es, más en general, la brusca interrupción de este estado de separación que el orden cultural occidental estableció a partir del Renacimiento (Burckhardt, 2010), en esa cuna de la modernidad. Dicho de otra forma, es imposible comprender a fondo el libertinaje de las costumbres contemporáneas sin aprehender lo que lo hizo posible, acogido, y también directamente provocado. Hay transpiración en el aire. Promiscuidad. Encuentros íntimos. Viscosidad. Violación de la intimidad. Explosión de la *privacy* sobre la que reposaba la sacralidad secular de cuño anglosajón tan preciada para la fundación y la existencia de nuestras democracias occidentales. Sin embargo, el cuerpo a cuerpo generalizado (Nancy, 2010), producido por el medio ambiente porno es ante todo compenetración, conjunción y superposición de lo que había sido desarticulado, con tenacidad perentoria, en el esfuerzo de constituir nuestro mundo: el sujeto y el objeto, el sujeto y el entorno, el sujeto y los otros sujetos.

La invención del individuo fue la causa y el efecto de una ruptura (Dumont, 1983), la interrupción de la comunión entre los humanos, la naturaleza y lo divino (Maffesoli, 2007). Esta especie de herida de la historia fue infligida progresivamente entre el comienzo del siglo XV y mediados del siglo XIX.

Si se observa cuidadosamente, con atención a sus fuentes primarias, la circulación de los humores que marca los escenarios pornoculturales, en sus manifestaciones festivas y sus pérdidas más amargas, en la alegría y en las lágrimas, se constata que esta apunta ante todo el desbordamiento de los sujetos, de las formas y de las substancias fuera de las cuencas excavadas donde se cristalizaron a lo largo de los siglos de la historia moderna. El análisis de ciertas invenciones tecnoculturales fundamentales y de su difusión social permite identificar las etapas anteriores a este desbordamiento.

En primer lugar, el perfeccionamiento científico de la perspectiva, con todo lo que implicó en materia de precisión del punto de vista, a partir de las obras del pintor Masaccio y de los arquitectos Filippo Brunelleschi y Leon Battista Alberti, sostuvo el proceso de organización del espacio para de tal modo, volver más clara y analítica la relación entre sujetos y objetos, entre la mirada y las cosas. No es casualidad que el primer método empleado con este fin por los maestros toscanos haya sido denominado "punto de distancia" por Leon Battista Alberti en *De pictura* (1440). Sin aventurarse en un campo disciplinar muy distante del aquí explorado, se subrayará la disyunción entre el yo y el otro implementada por este proceso, con la intención declarada de colocar al hombre en el centro del mundo y de hacer de él –como escribía Descartes en su *Discurso del método* (1637)– acerca de otro aspecto de igual tensión cultural y científico –el "amo y señor de la naturaleza"–. El célebre dibujo realizado por Leonardo da Vinci alrededor de 1492, *El Hombre de Vitruvio*, va más allá de la simple metáfora de esta operación: con el vigor de un manifiesto político, consagra el papel cardinal del ser humano en el universo, su propensión a convertirse en la medida de todas las cosas, fundándose precisamente en la posibilidad de aislar, controlar y analizar, basado en los parámetros de su propio cuerpo, todos los objetos que lo rodean, en adelante considerados como una gran abstracción científica, matemática y estética en tanto *cosas* que se prestan a la manipulación. Es en esta dirección que se dirige también el antiguo adagio *homo faber ipsius fortunae*, "el hombre es artífice de su fortuna", retomado, entre otros, por Pico della Mirandola en su *Oratio de hominis dignitate* (1486), en el cual el hombre es designado justamente como "libre y soberano artífice de sí mismo".

Disyunción, separación, disociación, alejamiento, escisión y distinción, para proceder al estudio, previsión, transformación y reducción de lo no humano a lo humano, de la alteridad al yo, de lo no individual al individuo.

El cuadro que esbozamos, auténtica obra maestra de Occidente –de muy alto costo para el resto del mundo– permanecería, sin embargo, incompleto e ineficaz sin la intervención de otro dispositivo aún más importante que aquéllos que acabamos de mencionar: la prensa, extensión masiva, universal e industrial de la escritura alfabética y, más aún, del hombre moderno (McLuhan, 1966). Solo este instrumento permitió al sujeto elevarse al estatuto de individuo pleno, consciente y racional, que actúa basado en el proceso de abstracción. Sintomáticamente, el sintagma "hacer abstracción" equivale, en el lenguaje hablado, a la habilidad del sujeto para extraerse de su contexto, de distanciarse de él para considerarlo de modo más objetivo, liberarse de él, de alguna forma. Así, ante el libro, el individuo se convirtió en lector a la vez que el lector se convirtió en individuo; aprendió a considerar al otro como una representación de su propia mente, mejor aún, susceptible de ser reproducido por la mente, lo que implicó la necesidad de templar la empatía en relación con lo que excede el campo perspectivo bien delimitado por el hombre vitruviano de Leonardo. Él se preparó para vivir, a ejemplo de la página impresa, en un medio marcado por la fragmentación, la linealidad y el progreso. La celda monacal que predispone a sus habitantes a una existencia en retiro, alejada de las tentaciones, con el cuerpo bajo control y el libro entre las manos, funciona en este sentido como paradigma, describiendo eficazmente un aislamiento orientado por la fuerza del pensamiento, un estado que es tan sacrificial, para aquellos que lo viven, cuanto instrumental en la producción de textos, de leyes, de valores... Como se sabe, a partir de estos laboratorios del cuerpo se inauguró en Europa lo que Max Weber llamaría después la "racionalización" y el "desencantamiento del mundo" (2001). La imprenta abrió el camino para la industrialización, pero también permitió, y en paralelo, un *masaje* de la sociedad destinado a forjar, antes que cualquier mercancía y cualquier mensaje,[1] un individuo dotado de la capacidad de reprimir las emociones y de actuar según los procesos racionales, maestro en el arte de relegar las pasiones, los sentimientos y los sueños al margen de la vida cotidiana (en la noche, en la esfera privada, en las anfractuosidades urbanas...). Por ejemplo, la invitación a la continencia que maduró en la época y que dio uniformidad a la cultura burguesa (Habermas), antes de propagarse a todas las instituciones democráticas, resuena hoy como una advertencia severa y mordaz: contenerse, significa justamente renunciar al exceso de apetito, de deseo

---

[1] Marshall Herbert McLuhan, luego citado y actualizado por Jean Baudrillard (1981, 2006), destacó el vínculo íntimo existente, no solo a nivel literario, entre el mensaje y el masaje que la técnica, y en particular los medios, movilizan en el enfrentamiento de los seres humanos. Esto fue evidente a partir de la publicación de su libro, en colaboración con Quentin Fiore, *The medium is the massage* (2003), cuyo título fue inicialmente el resultado de un error de impresión y luego fue aceptado y acogido por los autores.

sexual, de inspiración onírica y de cualquier otra fantasmagoría susceptible de distraer al individuo del camino recto de la razón, del progreso, de la producción económica y de la reproducción social.

La misión de la Reforma Protestante, que consistía en erradicar la corrupción y la degradación, causada entre otras cosas, por el mercadeo de las indulgencias, se apoyó precisamente, y de manera ejemplar, en el desarrollo de la imprenta concebida como vehículo para la difusión de la Biblia en algunas lenguas vernáculas –sobre todo en alemán, ya que la primera traducción fue la de Martín Lutero–, con el fin de mostrar que en esta no se mencionaba el culto de los santos o de la Virgen, y mucho menos del Purgatorio. En resumen, los reformadores, deseosos de reafirmar el principio de la salvación, tenían como objetivo extirpar del orden religioso y del orden social cualquier residuo pagano y toda exaltación corporal resultante de dicho principio. El culto a los santos, de hecho, siempre ha integrado formas locales de adoración que fluyen en festivales y rituales con éxtasis múltiples (Maffesoli, 2016), así como la contemplación de la imagen de la Madonna representaba una fuente iconográfica femenina de distracción en comparación a la Santísima Trinidad. El esclarecimiento histórico de Jacques Le Goff muestra que el purgatorio fue, además, inventado entre el siglo XII y el momento en el que Dante escribió el Canto II de la *Divina Comedia* (entre 1304 y 1321) para legitimar e incorporar prácticas hedonistas promovidas por el espíritu de la época, con la aprobación del comercio, como los placeres del lujo y de la lujuria. Estos pecados de la carne, que yacían en una dimensión terrenal intolerable desde la óptica de la actividad industrial y de la elección divina proclamadas por el protestantismo, fueron liberados del castigo infernal: gracias a una especie de indulgencia, terminaron siendo objeto de un mercado de la indulgencia.

Lutero y sus seguidores, tan diversos como heterogéneos, censuraron estos hábitos disolutos refiriéndose escrupulosamente a la Biblia y argumentando que la soberanía universal de Dios había sido revelada por las Escrituras. Este principio, *Sola scriptura*, erigido contra las tentaciones y la debilidad de la carne, las alegrías sensibles y el amor profano, orientó la acción de los reformadores.

¿Cómo no dar un salto de tigre (*Tigersprung*) inspirado por Walter Benjamin y ceder a la tentación narrativa, pero también interpretativa, para evocar cómo el desarrollo de la pornografía, o en todo caso, de la escritura erótica, verdaderas contraescrituras del cuerpo, se ha apuntalado –en autores exquisitos como Sade y Pasolini, pero también en directores y escritores menos refinados– por el sarcasmo y la inversión paródica frente a las iconografías más clásicas relacionadas con la sacralidad religiosa y la del libro, transgrediendo y deformando sus figuras, el sacerdote y la monja, el confesionario y la celda monástica, la biblioteca y la lectora, los objetos sagrados y los textos?

De este modo la emergencia escandalosa del porno fue, al menos por mucho tiempo, una reacción minoritaria y tendenciosamente secreta –de la parte de iniciados, de rebeldes, de dandis o de figuras anómalas– en contra de los mandatos religiosos, sociales y morales más severos de la ética protestante. Éstos no tardaron en animar todo el espíritu del capitalismo (Weber, 1991) y toda la producción, sin contar que incluso su vertiente marxista velaba cuidadosamente para que la sacralidad del trabajo o la revolución no fuera sustituida por los placeres más efímeros (Abruzzese, 1982; Maffesoli, 1978), que habrían corrido el riesgo de desviar a los trabajadores de la lucha contra el capital y la conquista de los instrumentos de producción. Se trató, por lo tanto, de una respuesta. Así como el barroco, con los abismos obscuros, las redundancias emocionales, los vértigos dorados, las superposiciones audaces, las repeticiones obsesivas y las formas extravagantes que lo caracterizaron en Europa entre los siglos XVI y XVIII, representó, entre otras cosas, desde el punto de vista histórico, estético y –más en general– cultural, un intento de superar la Contrarreforma y el puritanismo protestante (*Les Cahiers européens de l'imaginaire*, 2014). En ambos casos, los protagonistas del acto obsceno –puesto que los maestros del barroco fueron considerados durante mucho tiempo la encarnación del mal gusto– favorecieron, como principio y destinatario de su creación, una carne soñadora excitada por la embriaguez, la imaginación y los deseos irreductibles del camino recto del arte, de la cultura y de la política que les eran contemporáneos. Por otra parte, este hilo rojo también resulta demasiado evidente: un tejido porno-barroco, después pop-barroco y, finalmente, *kitsch* –un *kitsch* definible como el arte barroco de la vida cotidiana– que plasma el fondo, si no la sustancia misma, de las conejitas (*Bunnies*) y de la Mansión de Hugh Hefner, el padre de *Playboy* (Preciado, 2011), de los clubes eróticos en Ámsterdam, Londres y Berlín, con sus decoraciones extravagantes, de las *fucking machines* que combinan impúdicamente máquinas industriales y órganos sexuales, de los *sex toys* con el diseño más lujoso, hasta el punto de influir en la arquitectura electrónica de las *sex cams*, donde la carne en línea, expuesta y sobreexpuesta en primer plano, aparece en múltiples ventanas, presentada como la mercancía más voluptuosa, para provocar la mirada táctil del cliente.

Para comprender la sustancia común de los dos universos evocados, el barroco y el porno, es decir, de lo que los une, recurrimos al uso de una hipérbole, la *Transverberación de Santa Teresa de Ávila* de Bernini (1647-1652), cúspide del primero, junto con las expresiones del segundo, con los performances más radiantes del *hardcore*, simulados o espontáneos, electrónicos o en HD, clásicos o posthumanos, ecosexuales o zoófilos, hetero o gay, que es su caída en éxtasis entre los brazos voluptuosos de la *petite-mort*, la pequeña muerte, donde el sujeto se pierde, lánguido, ofrecido y deseoso, en algo más grande que él mismo. El éxtasis místico de Santa Teresa es, por lo tanto, solo una versión más noble y ascendente, aunque no menos sensual e inquietante, de los éxtasis múltiples que, de abajo y de manera descendente, animan los *pornoscapes* de ayer y de hoy. El escándalo más cegador, y es a propósito que recurrimos a esta metáfora para designar un hecho que viola la mirada, los ojos, la vista, el punto de vista provocado por estos éxtasis, es no solo una perversión lasciva de los sentidos y de las emociones, sino también (y sobre todo), la interrupción del estado de discontinuidad entre el sujeto y su propia alteridad, a saber, el pivote del individuo racional creado por el mundo moderno (Bataille, 2009)

Las figuras implicadas en las escenas en cuestión se tocan, se penetran mutuamente, se juegan una en los brazos de la otra, se disipan o se lanzan en elevaciones audaces para unirse, a partir de su capitulación, a aquello que les es exterior. El estado de efervescencia vivido por el individuo lo suspende y lo libera en un orden que lo trasciende, no solo cuando se consagra a la contemplación de lo divino, sino también cuando es atraído, apresado por el cuerpo más cercano. Nadie mejor que Georges Bataille ha descrito esta condición revelando el vínculo íntimo que une erotismo y muerte, puesto que el individuo, en la relación sexual —sin importar que esta tenga un carácter amoroso o simplemente carnal—, renuncia a sí, o antes bien, se deja llevar hasta gozar de modo creciente la constricción en la que yace (Bataille: 2004, 2009). Lejos de abstraerse del contexto en el que se encuentra, de los sujetos y los objetos que lo rodean, instruido, obtiene ahora placer de esta sujeción, no aspirando a liberarse de ella, contrariamente a lo que preconizan los grandes mitos modernos, en particular el de Prometeo, con su odio a todos los dioses que no reconocen la autoconciencia humana, y por lo tanto, el sujeto, como la instancia suprema de la existencia; Prometeo, al que Marx evoca en su tesis doctoral

Diferencia entre la filosofía de la naturaleza de Demócrito y la de Epicuro (1841), como alegoría de la liberación de la superstición, dios del conocimiento y artífice del robo más profano en la historia: el del fuego de los dioses, para ofrecerlo a los hombres.

Más allá del humanismo

Nos encontramos aquí en un umbral delicado de nuestro recorrido. Hay algo de no humano, sobretodo de no humanístico, en la confusión entre el sujeto y el objeto, entre las palabras y las cosas (Foucault, 1977), entre la obra y el público, entre el individuo y el otro social, natural y divino. En términos de placer, la pornografía, junto con las drogas, pudo haber sido la primera manifestación frenética de una regurgitación anti-humanística, anti-moderna, o incluso no humana, en el seno de las sociedades occidentales, incluso cuando fue favorecida y suscitada por las instituciones y las culturas hegemónicas como catarsis y liberación emocional temporal, bien dosificada, destinada a mantener el orden a través de la gestión cuidadosamente calculada y controlada de los excesos. Tal y como estamos a punto de descubrir, la pornocultura es una de las tensiones societales fundamentales de lo que sigue al ocaso de la modernidad.

La gran ola del porno, su tensión de ayer a hoy, muestra que un magma sensible, onírico e impetuoso, epifenómeno de la "sociedad del espectáculo" (Debord, 1968), en cuanto paradigma que se sustenta en los placeres, las fantasías y la "conversación infinita" (Blanchot, 1969), no podía ni mantenerse al margen de la vida social, como tampoco instrumentalizarse mediante la visión progresiva de la historia, ya que era, por el contrario, un capricho viral, un estremecimiento contagioso: una matriz cultural. El imaginario de nuestro tiempo está impregnado de sustancias del porno, desde que ese magma, en toda su obscenidad, dejó de confinarse a los bajos fondos de la vida cotidiana y el *underground*, para formar parte de la cultura actual (Baudry, 1977), estética difusa.

Una escena obscena en el sentido de que, es la indistinción entre sus partes lo que prevalece; obscena, por la equivalencia que instaura entre la obra y el espectador; obscena, porque en su transpiración generalizada, enrarece el aire entre las partículas que la componen; obscena, en cuanto que el hombre[2] ya no es el centro, sino solo uno de sus elementos; obscena, porque ya no está gobernada, en definitiva, por el pensamiento abstracto del sujeto, sino por los desvíos tumultuosos de la carne.

La pornocultura, sustrato invisible e hipersensible de la obscenidad integral, a su vez arquitectura, *médium* y *clima* de la vida contemporánea, decreta definitivamente, con júbilo trágico, la obsolescencia de la fórmula cartesiana sobre la cual se erigió buena parte del esplendor de las ciencias modernas y, con ellas, de Occidente: *cogito ergo sum, in arcem meum*, pienso, luego existo, en la fortaleza de mi mente (Descartes, 2010). De hecho, el escenario apenas esbozado, toma forma y se desprende exactamente de las ruinas aún humeantes de los conceptos que cristalizaron en esta fórmula, sellando así su olvido. Como lo muestran claramente los comportamientos difundidos de abajo hacia arriba en la escala social –desde la *street culture*– al lenguaje político, de las *parties* al *marketing*, pasando por la literatura, el cine y la moda –el poder del pensamiento que se centró en la lógica abstracta– chispa y paradigma del *Homo faber* artífice de su propio destino, tiende a ser relativizado por una orientación en la que ya no es la razón la que dirige los sentidos, sino la sensibilidad que extiende su dominio sobre la mente (esta distinción binaria solo se menciona aquí por razones argumentativas). He aquí en acción "un sentir pensante" (Nietzsche, 1989), que constituye un principio organizador de la emoción pública, de una *Stimmung* que emerge de las pantallas electrónicas hasta los escenarios urbanos más emocionales, la cual, goteando lágrimas, humores y otras secreciones societales, sustituye a la opinión pública sobre la cual se había construido la cultura burguesa por medio del discurso racional y científico (Habermas, 1995), el orden de producción y, más en general, la marcha del progreso.

Si observamos con atención, los *emoticons*, el marketing emocional, *Snapchat, emojis, flash mobs, selfies, likes, loves, follows, good vibes* y todas las otras formas elementales y diversificadas de la cultura electrónica, cuyas emociones –más allá de las características propias de cada una de ellas– constituyen la base y la cima, mostrando de modo rutilante, si no obsesivo, la centralidad renovada del cuerpo en las dinámicas de la vida colectiva, de un cuerpo enamorado, excitado, ávido, embriagado,

---

[2] Siempre que escribimos "hombre" en lugar de "ser humano" o "humano", es deliberadamente que planteamos, o incluso provocamos, una cuestión de género, haciendo referencia específica al género masculino. En particular, la relación que pretendemos resaltar entre el advenimiento de la pornocultura y la crisis del humanismo es de interés para toda la raza humana, aunque –a pesar de esto– concierne y socava aún más, en nuestra opinión, al hombre occidental, blanco, heterosexual y el masculino.

agitado…, de un cuerpo excesivo que hace alusión a la carne, que se hace carne.

Todo esto es porno. Pero lo que es más, es la condición en la que el sujeto se ve implicado en la espiral viscosa de la emoción pública (Susca, 2016): no más arraigado en la fortaleza de su mente, ya no más amo y señor de su destino, ya no más actor sino sujeto (Maffesoli, 2012) poseído más que poseedor (Baudrillard, 2003), arrebatado por flujos de interacción, o antes bien, de interpasividad (Zizek, 2001), de participación, y por otros encantamientos de los que no es más que un residuo a la deriva. Es aquí donde el hombre se realiza de manera definitiva, lejos de las cadenas industriales, la alienación voluntaria o la prostitución general[3] (Marx, 2004b), junto con su último impulso vitalista y más hedonista: atrapado en las redes del placer, baila y depende de aquellas alteridades que alguna vez controló a distancia, y que ahora lo controlan, para su bienestar y su dolor, con la soga al cuello y las neuronas sobreexcitadas.

> Es cierto que el "somos tribal", caracterizado por el intercambio de gustos diversos, ya no puede satisfacer más lo que fue la piedra angular de la arquitectura moderna: *ego cogito.* Por el contrario, podemos decir: soy afectado por el Otro (comunidad, naturaleza, deidad). Por lo tanto, el nuevo eje del orden emergente es *ego affectus sum* (Maffesoli, 2012: 297).[4]

Así, la incapacidad de desprendernos de la pantalla, de liberarnos de las prótesis tecnosocietales que portamos y que nos portan, como la dictadura del *always on*, del *big data*, de la geolocalización y del *tagging*, a través de los cuales un número creciente de personas opta por estar constantemente bajo la mirada y el tocar del otro, nos remite no tanto

---

[3] La etimología de la palabra "porno" nos parece muy significativa: en efecto, su raíz proviene del griego porne (πόρνη), "prostituida", del verbo defectivo *pérnēmi* [πέρνημι], "vendo". De la misma raíz indoeuropea se deriva el latín *pretium* (*Enciclopedia Treccani*, treccani.it). Aunque la palabra se ha alejado de su referente original, es decir, de la práctica de la prostitución *stricto sensu*, esta raíz denota, en el contexto de nuestro estudio, la falta de autonomía, la reificación o mercantilización que caracteriza a todos aquellos, en nuestros días, están involucrados en situaciones de tonalidad porno. Así, si la prostitución es la condición primordial y privilegiada para entender la modernidad (L. De Sutter, 2014, 2016), la pornocultura es, en nuestra opinión, su contraparte contemporánea. Para esta, en relación con aquélla, el intercambio simbólico y afectivo, la dependencia y la interdependencia entre las personas involucradas, parecen cobrar mayor importancia que las cuestiones materiales de naturaleza económica y productiva.

[4] Esta y cualquier otra cita cuyo texto de referencia en la bibliografía no se encuentra en italiano, son traducciones libres de los autores.

al regreso de un espíritu ancestral gregario, como al triunfo de una orgía permanente que, *stricto sensu* e *lato sensu*, quema, engulle y droga el cuerpo social.

La referencia a las drogas no es fortuita. Incluso, existe una relación íntima entre las alteraciones psicosensoriales que éstas inducen –incoherentes con el tiempo y el espacio institucionales, porque son mucho más lentas o más rápidas– y las desencadenadas por los *pornoscapes*. Y aún más, de manera metafórica o no, unas no van sin las otras como lo muestran de manera flagrante las películas *Fear and Loathing in Las Vegas* (Gilliam, 1998), *Springbreakers* (Korine, 2012) y *Bang Gang* (Husson, 2015). La cocaína y el viagra para desempeños sexuales siempre más excesivos, el MDMA, la ketamina y las fiestas *Rave* envueltas en la promiscuidad entre un *after* y su *after*, *poppers*, *speed*, GHB y convulsiones sexuales en la pantalla, en vivo o sonorizadas, entre otras tantas actualizaciones de adicciones múltiples desembocando en el vértigo y el estremecimiento, en el estremecimiento del vértigo.

Las *multiple addiction* que, de las drogas a las redes sociales, de las formas de consumo más variadas al porno, del sexo a la moda (para los *fashion victims*) –se imponen en las prácticas de la vida cotidiana, son el testimonio más evidente del hecho de que, para bien o para mal, el mito de la autonomía individual ha terminado. También es urgente reconocer que, cuando se hace uso de sustancias psicoactivas, la gratificación más deseada es, de acuerdo con la alquimia que Benjamin describe al referirse a las prácticas de consumo compartido por los "compañeros de vicio", un "encadenamiento mágico de inferioridades" (1975: 37), inversamente proporcional a la protección de la conciencia individual, en un estado de indistinción entre el yo y el otro, entre la razón, el cuerpo y el sueño, un estado próximo al *ordo amoris* en el que se sustenta lo más fusional y lo más confusional (Scheler, 2008).

Se trata del mismo milagro pagano deseado en el teatro de la obscenidad clásica, y más aún, en la pornocultura contemporánea, que cada vez más orienta a la praxis electrónica como el *sharing*, la interacción y la exposición de la intimidad (Tisseron, 2001), hacia escenarios cada vez más pornoeróticos, revelando su sustrato esencialmente pornoerótico. La más insoportable de las indecencias que suscriben, no solo las drogas y el porno, sino todas las formas de exuberancia festiva puestas bajo el signo del placer y la embriaguez, es la desnudez del individuo, ya sea literal o metafórica; la degradación de su libre albedrío, el encadenamiento y la concatenación del sujeto como figuras de una expresión paradójica de la persona, realizada en los brazos del otro o en la piel violada por la técnica, justo en el preciso momento en el que el yo se ausenta.

La fortaleza de la mente que protegía al individuo, y desde la cual gobernaba el mundo desde la distancia, dio lugar a las habitaciones, *pistas* y vitrinas de un espectáculo palpitante donde ya no se respira y solo existe la carne, los poros y el sudor entre sujetos y objetos, entre sujetos y sujetos, entre los medios y la vida cotidiana. En lugar de lamentarse por su caída e invocar su regreso, como lo hace la mayoría de la *intelligencia*, ahora parece esencial comprender el significado de tal alternancia, aprehender qué tipo de sociabilidad y de humanidad, incluso si es post o transhumana, está naciendo en la danza macabra de la obscenidad integral, proviniendo de una obscenidad integral. Si no comprendemos profundamente el alma y las formas de estas efervescencias, será realmente difícil apreciar el verdadero valor de los efluvios carnales de nuestro tiempo, incluida la proliferación del *hardcore* y el *softcore*, en todas sus derivaciones, epifenómeno contagioso de una valencia simbólica alta. Es por eso que nos *interesan*. Lejos de jugar el papel de paroxismo o caricatura, este marco performativo cristaliza, de hecho, mejor que cualquier otro hecho social, la condición antropológica y cultural de la vida contemporánea.

Una vida obscena.

Las cicatrices, el erotismo y la resurrección obscena

Los seres humanos nunca están unidos el uno con el otro excepto por las lágrimas o las heridas.

GEORGES BATAILLE, *CONFERENCIA DEL 22 DE ENERO DE 1938.*

En esta etapa de nuestro viaje a las profundidades de la carne resulta pertinente explorar las heridas con graves consecuencias para el destino del ser humano: las guerras mundiales, los campos de concentración, la explosión de las bombas atómicas. De hecho, estos puntos de la catástrofe de la modernidad representan pasos obligatorios para explorar las contradicciones del humanismo (Arendt, 2000), los puntos privilegiados de observación del destino fatal del progreso y, más en general, de la ideología progresista. A partir de ahí y de manera irreversible, lo humano, con todo su cuerpo, o mejor dicho, con los restos de carne que ha conservado, es puesto en juego en un paradigma existencial original. Resulta plausible considerar el suplicio perpetrado en ese momento histórico como el evento más macabro en términos pornográficos, en cuyos pliegues y fantasma se anidará a partir de entonces el goce trágico de las exuberancias pornoeróticas y de todas las otras explosiones festivas presentes desde el advenimiento de la sociedad del espectáculo hasta nuestros días. Éstas nos hablan de un futuro post-apocalíptico, de lo que arriba y sucede después del trauma, sobre las cenizas de lo humano, del hombre y del humanismo. Comprendamos este fenómeno yendo hacia atrás.

Las guerras mundiales, los campos de concentración y las explosiones de Hiroshima y Nagasaki han demostrado aterradoramente que el logro último del desarrollo tecnocientífico, su desarrollo más avanzado, también corresponde a la obsolescencia del hombre (Anders, 2003). Los resultados extraordinarios del ingenio social, como las armas de destrucción masiva, como los campos de concentración y las cámaras de gas de Auschwitz y Dachau (por nombrar sólo dos), consagran, en primer lugar, la superación del sujeto en la técnica (Heidegger, 2002), cuando la extensión del hombre (McLuhan, 2008) alcanza su límite paroxístico, el de un sistema que trasciende al individuo hasta que puede prescindir de él o incluso actuar en su contra. Se trata de un punto irreversible de la Historia. Aun cuando se puede pensar en un sentido crítico y sugerir visiones del progreso más sobrias y razonables –como lo han hecho recientemente la teoría del decrecimiento (Latouche, 2007) o el capitalismo verde–, a partir de ahí no hay marcha atrás. Así lo demuestra el desarrollo de la historia contemporánea y así lo ejemplifica la ciencia ficción de Philip K. Dick (2004, 2006, 2007).

Lo que el humano ha perdido y abandonado en su intercambio con la tecnoestructura no puede ser corregido sustancialmente. Una verdad inquebrantable ha quedado sellada en este intercambio: estamos encadenados, dependemos del sistema de los objetos, vivimos como *King Kong* (1933), y de la misma manera que los habitantes de *Metropolis* (1927) y los trabajadores de *Modern Times* (1936), entre artefactos insuperables, ahora liberados de cualquier voluntad que no confirme o incluso aumente su papel en el mundo.

De manera lúcida, Jean Baudrillard interpreta cómo la parábola en cuestión trastoca la balanza de la relación entre los humanos y la tecnología descrita por McLuhan según el principio de extensión del primero sobre la segunda. Ahora la tecnología, ensanchada con la humanidad que ha absorbido a lo largo de tantos siglos de progreso, se extenderá sobre todos los seres humanos y, en última instancia, los modelará a su imagen y semejanza, instaurando un nuevo equilibrio, hasta destruirlos como acabamos de plantear. Una vez más, a riesgo de sonar redundante: lo que ya era verdadero desde la venida de la condición industrial, cuando se recurrió a las metáforas de la alienación (Marx, 2004/b) y de la reificación (Lukács, 1991), para describir la condición del hombre en el reino de las máquinas, y más aún, bajo esta situación en la que el cuerpo humano ya no se limitaba a servir a la producción, sino que era desgarrado por lo que él mismo había producido. En resumen, el humanismo y sus secuelas han dotado al individuo de prótesis, dispositivos e instrumentos para gobernar el mundo colocándose como su medida. Tal empresa imprevista requirió el esfuerzo de superar las facultades humanas en una panoplia extraordinaria para el uso de la razón instrumental (Adorno y Horkheimer, 1996), la cual, ha visto prevalecer sus propios medios y fines sobre aquéllos que la presidieron. De acuerdo con una interpretación más cínica y amarga, permanecería su germen en el impulso humano, como lo muestran las secuencias iniciales de *2001 A Space Odyssey* (1968), un principio anti-humano, incluso –con un matiz no-esencial solo en apariencia– no-humano.

Lo principal, en este punto, consiste en detenerse frente a los cuerpos desmembrados, humillados y mortificados en el apogeo del progreso tecnocientífico y de sus efectos perversos. Por más paradójico que pueda parecer, la acumulación brutal de tanta carne expuesta y reunida en nombre del dolor, como nunca, sin duda, una sustancia humana común y en común, que interrumpe el estado de separación establecido por la división social del trabajo (Durkheim, 1991) y, más en general, por el régimen basado en individuos separados los unos de los otros (Foucault, 1993, 2004). El cuerpo social constató en sí mismo el absolutismo de la técnica y la derrota de la razón instrumental, precisamente ahí donde los que la habían forjado esperaban su triunfo. Reunido a nivel mundial en un estado de emoción, comprendió, experimentando la humillación somática y simbólica más atroz que podía experimentar, su propia obsolescencia. Sin embargo, esto es, precisamente como en una *némesis* de la historia, en presencia de todas las abstracciones tecnocientíficas, los humanos sobrevivientes, post-humanos en gestación, se descubrieron también en un estado general de *pathos*, la empatía de la carne, el milagro de la carne. Un milagro pagano.

De acuerdo a Georges Bataille, nada une a los seres humanos tanto como las cicatrices (Joron, 2009). El autor de *Mi madre* (2001), *Las lágrimas de Eros* (2004) e *Historia del Ojo* (2008), exhumó de una vez por todas la verdad, según la cual, estas logran "mantenernos unidos", en el registro no solo de la compasión, sino también, y sobretodo, de la voluptuosidad. La literatura, el cine y las series de televisión, de Pier Paolo Pasolini y Antonin Artaud a *True Blood*, pasando por David Cronenberg hasta llegar a otras formas de comunicación, así como las imágenes más insoportables de las *snuff movies* (véase, en particular, la película *The Life and Death of a Porno Gang*, de Mladen Djordjevic [2009]), han confirmado esta realidad que oscila entre la maestría del autor y el *trash*: la sangre, las heridas y los dolores también generan las chispas de una atracción pornoérotica. Formas elementales de la excitación colectiva. Fuentes de sobrecalentamiento del cotidiano.

De esta manera, esta obra de la muerte, examinada aquí rápidamente, que a lo largo de la primera mitad del siglo XX engendró otra parábola preparada inconscientemente por los bastidores de lo imaginario, emergió en el escenario mundial, en un crescendo permanente entre medios interpuestos, raíz de un asalto evidente marcado en el inconsciente colectivo para siempre: un genocidio más integral que el experimentado entonces habría resultado en la extinción de la especie. El ultraje más insoportable para la raza humana ya había tenido lugar entre las deportaciones y los bombardeos de civiles, entre las cámaras de gas, los *foibe* y los *gulags*. Es también el apocalipsis, tal y como lo gritan las más de setenta y un millones de muertes de la Segunda Guerra Mundial. El apocalipsis, no lo olvidemos, es sobre todo la revelación de una verdad (Maffesoli, 2010). En este caso, la revelación de un límite: el límite del humanismo.

Con la muerte a la espalda, solo quedaba seguir viviendo. Reducidos a su expresión más simple, salpicados de lágrimas y sangre, atrapados en el vicio de la técnica y sus derivaciones más inquietantes, aún entre lazados en el más íntimo de los abrazos, el del luto, estos residuos de la humanidad solo podrían ponerse de pie, juntos de nuevo. Levantando su propia carne.

La aurora del porno es precisamente la agitación de la carne en el limbo entre la muerte y la vida.

El porno es el carnaval de la existencia.

Carnaval: levantamiento de la carne.

Verwindung, distorsiones, desviaciones escandalosas del destino. Homeopatización de la muerte. Danza desenfrenada en las ruinas. Sabiduría dionisiaca. Ironía societal.

Sin la bomba atómica, nunca habría existido el porno masivo. Sin el uso aplastante de la panoplia guerrera contra el cuerpo social, los *sex toys* nunca habrían proliferado muchos años después, en los territorios lujosos, lúdicos y lujuriosos de la *pop culture*. Sin los dispositivos punitivos del Tercer Reich, el *sex-appeal* de las *fucking machines* sería difícil de entender.

Estos eventos son el corolario fúlgido de la digestión lenta y amarga en el vientre de la sociedad; luego entonces, la evacuación obscena de un trauma colectivo y de sus sustancias correlativas. Astucia de todos aquellos que ya no tienen el control de las máquinas, que han perdido la ilusión de liberarse de ellas y que están bajo su control total, que no pueden reconocer más los límites, *per se* y fuera de sí, entre lo orgánico y lo inorgánico, las prácticas excesivas del reinado pornoerótico clásico, y en especial, el contemporáneo, ilustra la habilidad, antigua y renovada, para evadir las restricciones impuestas (Certeau, 2001), inventando formas de obtener placer a pesar de la alienación, distorsionando y subvirtiendo el significado de las cosas, lejos de la ingenua tentación de la liberación.

Aquí yace la obra sin obra más irrefrenable del tejido social: el arte de habitar el mundo. Las convulsiones de la pornocultura –desde sus paroxismos orgiásticos hasta sus residuos más *soft* diseminados por todas partes, de *Chatroulette* a *AdopteUnMec*, de Livejasmin.com a <3 , de los clubs *all-you-can*-fuck a los vibradores de supermercado y a los videoclips presentados en documental *Pop porn* de Olivier Lemaire y Vincent Cocquebert (2015), incluyendo todas las comuniones de alta tensión emocional celebradas en la web 2.0 y en los paisajes urbanos– son, por lo tanto, la resurrección pagana de la carne.

Una resurrección obscena.

Hoy en día, su eco húmedo es el contenido predominante de las redes digitales y de la sociabilidad electrónica, aunque fue la televisión la que primero dio a luz, luego le dio su esplendor y al final la mostró en todo el mundo, en el marco exuberante de un espectáculo viral, bajo la forma de mercancía espectacular, de fantasmagorías voluptuosas y de sueños lúdicos.

No es casualidad que el *médium* televisivo, instalado en el centro del hogar de la vida cotidiana (Lull, 1991), desde el momento en que el público cruzó por primera vez el umbral de la pantalla y mucho antes de la telerrealidad, haya sido el dispositivo cultural que mejor que cualquier acogiera y lograra lo que ya había comenzado la fotografía, aunque de diferentes maneras, tanto en el crisol de las vanguardias artísticas del siglo XX (Abruzzese, 1995), como en las tramas de otros medios como la radio, la cámara de video y otros lugares de la cultura *pop* como la discoteca: la coincidencia progresiva entre la obra y el espectador, el cuerpo y el mensaje, el objeto y el sujeto, en una palabra, la escena, que deviene obscena.

Entre muchos pasajes que dan cuenta del fenómeno, incluso antes de la pequeña pantalla, el cine jugó un papel decisivo al favorecer el registro sensual, el acercamiento obsceno entre el público y la pantalla, así como entre los sujetos involucrados en el acto de ver. Preámbulo mediológico y cultural de la bacanal televisual, fuente de inspiración del deseo colectivo de los cuerpos proyectándolos en las grandes pantallas de las salas obscuras, gigantografías fascinantes (Morin, 1995) que impulsan al cuerpo social a desdoblarse en fantasmagorías (Morin, 1982), a través de visiones ricas en imágenes del yo y el otro, preparándose a la alteridad y a la alteración, al devenir-otro (Lévinas, 1986), siempre más en juego entre las salas electrónicas de placer y las vibraciones eróticas de la vida cotidiana.

Eso es lo que parece ser entonces la triple invitación a la sala cinematográfica, un detonador clave de la pornocultura por venir: fantasear sobre el cuerpo de los vecinos, excitarse ante los rasgos nórdicos de Greta Garbo, de la androginia sensual de Marlene Dietrich, de la feminidad ambigua de Rodolfo Valentino (Romeo, 2014) y de otras estrellas de ayer y de hoy, desde Marlon Brando y Brigitte Bardot a Richard Gere y Sharon Stone, desearse a sí mismo y desear a los otros bajo formas insólitas y ya no humanas de la *vedette* al monstruo, del animal antropomórfico al vampiro, pasando por los fantasmas para desembocar en los cyborgs y los androides.

Bajo esta perspectiva, el montaje cinematográfico es en sí mismo una operación quirúrgica masiva destinada a desmembrar cuerpos, tiempos y espacios (Attimonelli, 2014), desmenuzando las configuraciones orgánicas, sociales y culturales más consolidadas para despertar y luego satisfacer, en un movimiento de propulsión constante, las pulsiones oníricas y carnales del imaginario colectivo. La operación en cuestión es, por lo tanto, una recomposición audaz, o antes bien, una condensación, incluso una aglutinación, de elementos otrora inconexos, si no es que extraños por completo, constituidos a partir del sacrificio de sus formas instituidas, de su identidad única y singular, donde en primer lugar, están individuos y obras de arte.

Del Sputnik a la televisión: *excursus* medialógico

Estamos en presencia de otra etapa decisiva del teatro obsceno en torno al cual navegamos en este viaje, ya que la cultura moderna ha considerado y todavía considera obscena la coincidencia de planos, la interpenetración y el *crash* de los elementos concebidos y diseñados para mantenerse aislados.

El apogeo de esta articulación remonta probablemente a 1957, momento de vuelta festiva, el *ahí* mediático de alto valor simbólico con relación a las danzas examinadas en un vaivén entre profundidad y superficie. Otro viaje, otro espectáculo sensacional: el lanzamiento en la historia desde la ex Unión Soviética del primer Sputnik ("compañero de viaje"en ruso), primer satélite artificial en órbita alrededor de la Tierra. En plena Guerra Fría, este provocó de modo directo e indirecto el desarrollo del sistema de comunicaciones que hoy ha colonizado al globo entero, fundado en el principio de interconexión en tiempo real de las redes mediáticas y en la posibilidad de volver visible y localizable cada elemento terrestre a partir de los puntos de observación extra planetarios.

Los dispositivos contemporáneos de vigilancia y trazabilidad (*Hermes*, 2015) en su dimensión tanto policial como lúdica, serían menos eficaces y no disfrutarían de la misma ubicuidad sin el previo desarrollo de este experimento. No es casualidad que haya ocurrido el mismo año en el que el presidente de Estados Unidos Dwight D. Eisenhower fundó la ARPA (Agencia de Proyectos de Investigación Avanzada), predecesor militar de la red de Internet. A este respecto, la naturaleza anfibia de esta innovación científica y mediática es interesante, incluso emblemática cuando estamos tratando de entender nuestra antropología cultural a fondo: inaugurada con fines bélicos (*Thanatos*), entonces se convirtió, con la complicidad astuta de lo social, en máquina de placer (*Eros*).

La obra que mejor ha descrito, interpretado y resumido, la reversibilidad que subyace en tal desarrollo de la tecnología es la famosa película de Stanley Kubrick, *2001 The Space Odyssey* (1968), en especial, la secuencia, quizás la más intensa en la historia del cine, que va desde el descubrimiento, por el antepasado del hombre, del hueso como instrumento tecnológico, inmediatamente asociado con la muerte de un tapir, hasta el lanzamiento de este hueso en el aire que moviéndose al ritmo elegante del vals de Strauss, *El Danubio Azul* (1867), se transfigura en una nave que en el espacio acoge en sí la danza. Para nosotros, la pornocultura es la secuela convulsiva de esta misma danza, inscrita en la raíz de la correspondencia entre el erotismo y la muerte, que caracteriza la espiral del ser humano.

Rebobinando la película para pasar de la historia del cine al cine de la historia, lo que pasó desde el vuelo del Sputnik, especialmente gracias a las imágenes de la Tierra difundidas en el éter, tuvo más consecuencias en el plano del imaginario colectivo que en los planos militar, técnico y científico. Según McLuhan, "en el momento del Sputnik, el planeta se convirtió en un teatro global en el que no hay espectadores sino solo actores" (1974: 57).

Actores que, en efusión cósmica de rasgos sensuales, no tienen ahora otras máscaras – máscaras de teatro sin una solución de continuidad entre el escenario y la platea, sino solo las de ellos mismos y lo que los rodea. La humanidad es el entorno que los rodea, liberados del papel del público, se convierten en los protagonistas objetivos –objetos, los objetos– de una misma trama narrativa, de una misma obra, de una misma cosa palpitante con paredes delgadas y sin bastidores, materia desnuda para hundirse, velo que invita a ser develado por completo y que se presta para el *streap tease* más lascivo.

Después de los desastres de mediados de siglo, este evento estruendoso, que en realidad culminó con el alunizaje de Neil Armstrong el 21 de julio de 1969, orquestado por los Estados Unidos de América, con la interacción de la primera aventura espacial de un hombre, Yuri Gagarin, organizado en 1961 por los soviéticos, ha expuesto definitivamente el mundo a sus habitantes en su unidad palpable, bajo el signo de lo sublime, en un cuerpo veteado con componentes orgánicos e inorgánicos que se distinguen por su interdependencia vital, incluso la fusión. Desde un punto de vista sensorial, el choque causado por la difusión de las imágenes de satélite se debe a que los seres humanos han podido contemplarse a sí mismos como un espectáculo. Así, el ojo humano, ya fuera de sí, se transformó en el ojo tecnológico, incluso tecnomágico (*Les Cahiers européens de l'imaginaire*, 2011), a través del desarrollo del mecanismo inaugurado por el *médium* fotográfico del siglo XIX (Benjamin, 2000; Holmes, 1995), fue llevado a colocarse sobre su propia sustancia más íntima como algo cosificado y, sin embargo, con vida, sintiendo y percibiendo la carne tan atractiva y objetiva, percibiendo y percibiéndose como carne seductora y objetiva, fascinante y manipulable, apetitosa y blanda, impregnada de la más inquietante alteridad: el otro de si mismo.

El solo hecho de ser y estar expuestos potencialmente a una mirada exterior, permanente y omnipresente, expuestos en nuestra confusión –mucho antes de Google Earth, de Street View y de la geolocalización–, elevó la vida simple a la dignidad de la obra de arte, al lugar de la obra de arte, mientras su sentido y los sentidos materiales y corporales evocados por Bajtin en su famoso estudio sobre *Francis Rabelais y la cultura popular en la Edad Media y el Renacimiento* (1979). De hecho, ninguna representación fue más necesaria para que el ser humano estuviese envuelto en un aura espectacular, como tampoco el recurso a un artificio sustancial para convertirse simultáneamente en *star* y mercancía. A partir de entonces, su cuerpo, en un enredo inextricable con lo que antes estaba fuera de él –atrapado en una tensión que aún persiste hoy y que no muestra signos de agotamiento por el momento– es el sujeto, el objeto y el palco de la contemplación. Un objeto cuya carne es alfa y omega. Un objeto cuya carne es en exceso. Un objeto pornoerótico para desear, devorar, penetrar y tragar. A partir de ese momento, ya ampliamente manipulada en el cine y por el cine, y lista para asumir las características electrónicas en línea, la carne comenzó a latir en la televisión, mucho antes del imponente pródromo de vitrinas digitales contemporáneas y de estar *on line*.

Con la televisión estamos en el corazón de la sociedad del entretenimiento. Si en la interpretación de Walter Benjamin, las galerías parisienses, con sus escaparates atractivos, habían predispuesto a los ingenuos espectadores metropolitanos encantados por la fantasmagoría de la mercancía para distraerse en mundos oníricos (2002), y por ende, a flirtear con lo inorgánico en una especie de contacto visual e intercambio recíprocos. La cultura de la televisión sin duda reunió en un mismo plano objetos y sujetos de visión, encerrándoles más estrechamente en una matriz común a las resonancias táctiles: una matriz festiva, efímera y ante todo comercial. Mientras que el imaginario cinematográfico, por su parte, fue dominado de manera excesiva y sin precedentes por los cuerpos de las estrellas y el deseo de los cuerpos divinos, contrapartida de la pantalla pequeña, preludio del porno 2.0 que otorgó una dignidad erótica a los cuerpos ordinarios, al erotizar la vida cotidiana.

En los años ochenta, período más exuberante del siglo XX, el círculo se cerró nuevamente y todos los fragmentos fueron llamados para componer el mosaico actual de la pornocultura –transformado, preparado y puesto en escena por la televisión, en un burdel de cinturones brillantes y lentejuelas– listos para usar. La *pop culture*, que triunfó en el corazón del imaginario colectivo, tiñó de colores festivos todas las formas sobre las cuales se extiende y engloba, traduciéndolas en sustancias idóneas para satisfacer un apetito en particular, un hambre espectacular y hasta ser consumida. Para ello, se necesitaba de un público deseoso, un público exaltado y ávido. Y debía excitarlo.

La publicidad es la herramienta operativa más efectiva y penetrante en el negocio de la seducción y la intoxicación pública. No sólo ella representa la novedad legítima y la trama del soporte del flujo televisivo, encargado de la tarea de tejer, en nombre del fetiche mercantil, las diferentes historias en la programación diaria en un mismo discurso y registro simbólico. También difunde con prodigalidad, en todo el espectro de lo vivido, dosis múltiples de emociones, de pasiones, de sentimientos y de sueños, desencadenadores de todos los excesos hedonistas y de todos los deseos, empujando el cuerpo social en una especie de obesidad generalizada, risa y depravación. Con la complicidad de las *vedette*, de las *soubrette* y las coristas, de los fisicoculturistas y de los bailarines, de las presentadoras de estrellas y de los héroes de series, así como de los protagonistas de los *reality shows* y todos los demás programas de televisión de alta densidad afectiva: de este modo, el lenguaje publicitario inaugura y solicita un estilo de vida gozoso y mundano de inspiración, evidentemente lujurioso.

Estamos por cruzar las puertas de la pornografía, desde las cuales podemos vislumbrar, e incluso prever, casi voyeuricamente, las imágenes más perturbadoras de la obscenidad contemporánea. Sin embargo, todavía estamos en un umbral. Podemos vislumbrar y predecir, pero no podemos ver todo. Sentir, pero no tocar. El televidente concupiscente de hecho debe contentarse con poco, recogiendo algunas migajas de erotismo *soft*, en el corazón de la noche, o fluencia en secreto, en la fase tardía del *médium*, en los canales con contenido pornográfico. La televisión, por lo tanto, excita los cuerpos dejándolos insatisfechos, agita los deseos sin satisfacerlos, alimenta caprichos que no comprende. La pornotelevisión es una promesa incumplida, como lo son sus experimentos en términos de interactividad, personalización y la búsqueda dela interacción en tiempo real que se espera desde los años noventa y el comienzo del nuevo milenio: tantas invitaciones y guiños imprevistos a un nuevo paradigma cultural, medial y comunicativo. La televisión, especialmente con respecto al pornoerotismo, es una promesa que cumplirán las redes digitales y su corolario, la socialidad electrónica.

Primer ministro: —¿Sexo con un cerdo? ¿Hacer eso con un cerdo?

T. Blice: —En vivo en televisión esta tarde.

P. M.: —¿Pero? ¿Quién?

Tercer hombre: —Los agentes infiltrados están trabajando. Hay una lista de sospechosos [...].

J. Hereford: —El video proviene de YouTube.

P. M.: —¿Qué?

T. H.: —Enviado desde una IP encriptada hace una hora aprox.

P. M.: —¡Quítalo, entonces!

J. H.: —Lo hicimos hace nueve minutos, pero el video ha sido descargado, duplicado y difundido.

P. M.: —¿Difundido? ¿Cuántos lo han visto?

J. H.: —Por cada video eliminado hay seis clones que brotan de otro lugar.

P. M.: —¿Cuántos?

T.H.: —Nuestro estimado es 50.000 personas.

T. B.: —Los canales de televisión lo tienen.

P. M.: —¿Lo transmiten?

A. Cairns: —No, no, no. Les enviamos una orden secreta que ellos aceptaron.

T. B.: —También está en Twitter.

P. M.: —¡Maldita Internet! ¿Qué hacemos?

J. H.: —Estamos en territorio desconocido Primer Ministro. Sin procedimiento planeado.

(Black Mirror, "The National Anthem", primera temporada, primer episodio, 2011).

II

EL ENTRETENIMIENTO RADICAL

Pornografía (ver Erotismo). Es la representación de nuestros sueños más íntimos, de los deseos más secretos.

MOANA POZZI, *LA FILOSOFÍA DI MOANA*,1991.

Romper esta ideología de oposición entre el erotismo y la pornografía es la presuposición de todo discurso hard. Debido a que la pornografía estaría fuera del discurso, sería automatismo natural, vil reproducción mecánica, etc. El discurso estaría completamente del lado del erotismo, una figura ideológica construida con refinamiento del lado del vacío, la disimulación, la alusión, el juego del deseo que busca su objeto (perdido, incluso si es pensable).

ENRICO GHEZZI, *REINTRODUZIONE*, 1982.

Las *Love Dolls*

No hay muñecas vivientes: por lo tanto, no se había convertido en una muñeca vi-
viente, pero la habían reducida a un juguete concebido para no avergonzar a los
viejos impotentes: no, no era un juguete: para esos ancianos era la vida misma.

YASUNARI KAWABATA, *LA CASA DE LA BELLA DURMIENTE*, 1966.

Cuando llegó la muñeca... ¡Quedé cegado!
Ella era tan hermosa como Alma.

OSKAR KOKOSCHKA, *MIRAGES DU PASSÉ*, 1982.

La ordenaste. La deseas y sabes que está a punto de llegar, que llegará a tu casa hoy. No resistes más, está creciendo en ti el deseo de tenerla, es una emoción que te recorre y te sacude con la sola idea de alojar en casa esta extraña forma de vida. Llaman a la puerta. Es ella. Abres y ves una caja enorme, más alta que tú, que un hombre empuja hacia el umbral. Él te da un sobre con documentos. Tú firmas. El hombre está esperando. Pero quieres quedarte solo. Solo con ella. Lo despides a toda prisa. Estás muy emocionado. Apasionado de deseo. Abres el seguro de la puerta y... oh, estás delante de ella. Una mujer. Una muñeca, en definitiva, una criatura. Está ahí, mirándote, como si estuviera nerviosamente intimidada, suspendida y congelada en el acto de mover un paso fuera del nicho que la contiene. Ella porta un bolso de hombro ordinario donde guarda sus pertenencias personales. ¡Dios mío! Está aquí, es ella. Ahora más emocionado. Lleno de deseo. Abres el postigo de madera y... oh, retrocedes frente a ella. Una mujer. Finalmente, una muñeca; en resumen, una criatura. Ella está allí, mirándote, nerviosa, intimidada, congelada en el movimiento que sale del nicho que la contiene. Ella porta una pequeña bolsa regular colgada sobre su hombro, con todas sus pertenencias. ¡Dios mío! Ella ha llegado, ella está aquí. En equilibrio entre sus piernas, en el suelo, hay una bolsa de plástico verde que contiene algunas ropas y maletines (¿las instrucciones?). Estás trastornado por el deseo de poseerla. A partir de ahora, sabes que ella es tuya. Ella vivirá contigo. Que ella nunca te dejará. Tomas su mano, cuya piel es suave y carnosa, las tocas, sus delgados dedos se doblan libremente bajo la presión de los tuyos; ya quieres tomarlos en tu boca y morderlos. La rigidez aparente de la silicona ya se está preparando para esta sorprendente, creciente y deseosa rendición. Bienvenida a Casa, Feodora V., Toledo, Ohio (11/10/20xx).

Las muñecas de silicona de lujo hicieron su aparición en la escena estadounidense en la década de 1990. Para distinguirlas de las muñecas inflables comunes, a menudo se les llama *love dolls*, en lugar de *sex dolls*, estas criaturas publicitadas como las más realistas en el mundo, cuyos coleccionistas hacen los más diversos usos: maniquíes para vestirse, desvestirse y vestirse, constituyendo roperos enteros de ropas nuevas y usadas, de acuerdo con el fetichismo que inviste a la muñeca; sujetos fotográficos; compañeras de vida, y por supuesto, juguetes sexuales. El universo de los amantes de las *love dolls* sigue siendo prácticamente desconocido en este momento.

La función pornoerótica de estas criaturas es implícita, pero es su aura particular la que las hace verdaderamente sorprendentes porque están ubicadas en el borde del objeto inanimado y la evocación, o incluso el simulacro, de una mujer de carne y hueso, parecen esconder, saber dónde, un secreto vital palpitante a disposición exclusiva de su dueño. Originalmente, solo se conocían a través de anuncios en algunas revistas para hombres; hoy, este universo pornográfico se transmite en línea a través de foros, redes sociales y plataformas, donde los coleccionistas intercambian fotografías, pero también consejos y comentarios. La Web 2.0 ha favorecido la increíble e impensable expansión de este mercado al albergar una gran cantidad de sitios donde se encuentran los álbumes caprichosos de coleccionistas y aficionados. Exhiben sus *love dolls* en un entorno diario creando escenas *ad hoc* a su alrededor, a veces conjuntos fotográficos reales, que oscilan entre lo familiar, lo lúdico, lo erótico, lo pornográfico y lo perturbador. Desde 2001, www.dollforum.com tiene más de 41,000 miembros en línea, en su mayoría hombres, que eligen definirse a sí mismos como coleccionistas, propietarios, amantes o *iDollators* (término que es un juego de palabras en inglés ente *idolator* y *doll* para designar a los aficionados que han elegido la muñeca como compañera de vida) e intercambian todo tipo de información y materiales audiovisuales sobre sus diosas; el sitio también incluye secciones dedicadas a consejos para entrevistas, concursos y premios fotográficos. Cada una de estas categorías permite explorar series de imágenes donde podemos ver las muñecas en ropa ordinaria, sentadas en un sofá frente al televisor, o en atuendo sexy, o bucólicas, o disfrazadas de enfermeras, o soldados, o en escenas de soft porn en un jardín, o como niñas normales y elegantes en un automóvil con el cinturón de seguridad. Los grupos de imágenes no son raros: descubrimos, por ejemplo, que las criaturas (al menos dos) se reunieron para el té de la tarde o aparecen alargadas en poses lascivas sobre el césped, provocativas, rollizas y muy ligeras de ropa.

También hay en Youporn una sección dedicada a las muñecas de silicona. Un jugoso negocio, una de ellas puede costar entre $6,000 y $12,000; usada, aproximadamente $4,000. Algunas compañías han diversificado su oferta: ahora están especializadas en producir criaturas que se asemejan a los íconos del mundo del espectáculo, otras proveen productos completamente personalizados: muñecas grandes o pequeñas, delgadas, bien formadas, blancas, negras, orientales... Incluso hay un mercado próspero de oportunidades. Los clientes-coleccionistas están dispersos por todo el mundo. El comprador hace su pedido en línea: la muñeca se elige como tal de la oferta existente o se programa en cada detalle según los deseos del cliente, y puede tener ciertos signos distintivos, como tatuajes, irregularidades de la cara, la forma de los pies, las cicatrices, vello o cualquier otro detalle capaz de hacer que el producto sea lo más único posible, como un ser humano.

El sitio www.secure.realdoll.com/wicked-realdoll-home es particularmente interesante en este sentido. Sobre el tema de la asociación entre la Real Doll y la industria Wicked Doll, dice que este último está trabajando activamente, e incluso "apasionadamente", para desarrollar los beneficios de las muñecas: la "nueva articulación de la columna", vértebras, que permite "una torsión natural de la pelvis y una amplia gama de movimientos del torso, un manejo más conveniente debido a una reducción de peso significativa" –de hecho es necesario saber que una muñeca de silicona pesa entre 45 y 60 kilos, como una mujer de carne–. Además de la bisagra y las partes reemplazables, también está el "nuevo accesorio de boquilla extraíble, que consiste en un canal a lo largo de la garganta de la muñeca, dirigido hacia la parte posterior de la cabeza y que permite la penetración hasta 17 centímetros".

El japonés Sakai, que vive solo en una casa transformada en museo y tiene más de diez muñecas con distintos rasgos y características somáticas, considera que su actividad como coleccionista es un pasatiempo. En cuanto al francés Louis, según el apodo utilizado en el Love Dolls Forum francés, ve más a su muñeca como un animal doméstico que como un juguete sexual. Fue comprada de segunda mano en Meda Doll por el precio de 3200 euros, la mitad de lo que cuesta el producto nuevo. Everard, un inglés de unos 50 años, tiene ocho muñecas y cuatro cabezas extra, y se declara casado con una de ellas.[1]

Los dueños visten sus muñecas, las maquillan y las adornan con objetos y accesorios para hacerlas lo más completas y humanas posibles. Para algunos, la muñeca ocupa un lugar de excepción en su rutina diaria, sentarse a la mesa o dar un paseo en una motocicleta; otros invierten en su muñeca placer y pasión y la confinan al papel de objeto de puro placer sexual. Cada una de estas inversiones patéticas encuentra en el testimonio fotográfico su *hic et nunc* de autenticidad, así como al interior del estatuto de la de la imagen porno *tout court* que se ajusta a la fenomenología iconográfica de la muñeca sexual.

La compañía Wicked RealDoll (WRD) de alguna manera explica este enlace al prometer "certificados numerados firmados por una actriz porno" asociados con la muñeca comprada; se adjunta un perfume personalizado para completar esta dinámica inquietante, que incluye imágenes de varios simulacros en acción: la actriz de carne y hueso, su análogo tridimensional en silicona, y luego la actriz como intérprete del DVD. "¡Ordene hoy su WRD, tener una estrella porno a su servicio todas las noches!".

Algunos de los *idollators* parecen tener un interés morboso y casi exclusivo en el cuidado requerido por la propia silicona, un material que está muy cerca de la piel humana; por ejemplo, debe humedecerse regularmente, suavizarse con ungüentos y masajearlo para prevenir el endurecimiento y la formación de callos y áreas ásperas. Estas prácticas transforman las casas de los coleccionistas en un taller de terror donde, entre modelos, piezas de tela, cabezas de reemplazo, pestañas, cabello, dedos rotos y otras partes del cuerpo, una alienación deliberada de los dueños, que raya en la patología de acuerdo con algunos, ya que dedican una gran parte de sus vidas a sus muñecas o a una de ellas.

El mercado de las *real dolls* es casi exclusivamente para clientes masculinos. El nicho femenino es restringido, insondable y reacio a dar entrevistas, está compuesto principalmente por lesbianas que adquieren

---

[1] Acerca de los coleccionistas mencionados, la crítica para la exposición fotográfica de Azusa Itagaki, *Love Dolls. Casa di Bambola*, en la Galería de Arte Fabrica Fluxus en 2011, organizada por C. Attimonelli y ambientada por A. Bucci: C. Attimonelli, Casa di Bambola. Azusa Itagaki.

muñecas femeninas. También estamos presenciando el surgimiento de las muñecas masculinas y transexuales.

Un fenómeno similar, en su reversibilidad a múltiples facetas porneróticas, es el de *Living Dolls*: una comunidad discreta de fetichistas que respondió a las prácticas de las *Real Dolls* que reclaman el derecho a "jugar la muñeca" en primera persona, para convertirse en muñecas ellas mismas. En este tipo de *cosplay* porno,[2] algunas personas, en su mayoría hombres, se transforman cubriéndose la cara y las manos con máscaras de silicona y el resto del cuerpo con vestimenta de goma y fetiche, y reencarnan diversos papeles, de la madre a la bomba sexual, del trans freak al *freak*, a la Lolita. Actuando en la intimidad de la vida cotidiana o en contextos semiprivados pero protegidos, como fiestas preparadas *on line* de acuerdo con códigos precisos, estos *performers* inscriben en sus cuerpos escenas y roles que dan voz a ese impulso mortal secreto y no confesado que siempre ha estado en la base del gusto posthumano por autómatas, maniquíes y muñecas (Fortunati, 2002). Agalmatofilia es el término que desde la Antigüedad se usó para referirse a la pasión y atracción por las estatuas, Richard von KrafftEbing lo mencionó en su famosa investigación *Psychopathia Sexualis* (1999), hasta estudios más recientes de Ferguson (2010) a Canevacci (2007) que traza su historia y sus derivas.

La representación del otro por sí mismo en términos de modelo copiado, como puede ser una estatua o un muñeco, constituye el primer grado en la declinación de una alteridad absoluta sobre la cual invertir deseos pornoeróticos, mientras que la *love doll* se encuentra en el lado opuesto de este eje, que parece estar provocado por un doble impulso: la ausencia del factor de imprevisibilidad asociado con el ejercicio del poder y el control del otro. Prácticas que invierten las relaciones con muñecas: este también es el caso, en otro sentido, cuando se paga a alguien para obtener servicios sexuales, se activan códigos típicos del universo BDSM, que toman, en conexión con seres inanimados, sombras aún impenetrables.

La gratificación obtenida en un acto sexual donde el otro participa sin oponer resistencia, al abuso de un cuerpo que no reacciona sino que da paso a toda forma de placer y perversión, las muñecas pueden ofrecer "el

---

[2] No debe confundirse con el fenómeno erótico homónimo *Living Dolls* de las adolescentes que, a través de su *blog* y *journal intime* electrónico, de repente ganan notoriedad al fotografiarse y ponerse en el escenario como muñecas de carne y hueso. Para profundizar, se aconseja mirar más de cerca los casos de Dakota Rose y Venus Angelic, cuyas características distintivas son las selfies en posturas de *softporn*, grandes ojos en el estilo de manga, tez de porcelana obtenida por medio del maquillaje y retoque fotográfico, boca en forma de corazón y cabello suelto rizado.

mejor sexo de tu vida" (Cicerone, 2015: 56), como promete la publicidad radiofónica de la compañía Abyss, fundada casi de forma accidental por el artista Matt McMullen, que estaba experimentando en ese momento a fines de los años noventa, nuevos materiales para sus esculturas.

Gozar *entre los pies*

Quiero algo más grande que la vida que me consume, cógeme.

Lydia Lunch, *El lado derecho de mi cerebro*, Kern 1984.

Junto a la apariencia perfecta de la muñeca-maniquí, con su docilidad para ser tomada, transportada, poseída, retenida, sacudida, violada, ajusticiada, se pueden ver estrías e intersticios que se abren a escenarios grotescos y establecen el vínculo con estos fetiches, encarnado hacia el porno y lo obsceno. La primera de ellas es la ineludible combinación magmática de perfección y automatización para responder a los deseos de los demás, que coincide ontológicamente con el estado de muerte de la muñeca o, para decirlo de manera específica, con la ausencia de vida. Sin embargo, la emoción vitalista se encuentra en la esencia del material con el que se ha formado la criatura: la silicona. Ya en cirugía estética, de hecho, acaricia (o cultiva) desde siempre el sueño de "hacerse carne" al llenar los vacíos del cuerpo marchitos por los signos del tiempo e incluso intentar superar las limitaciones inherentes a la misma carne humana perecedera (pechos, labios, glúteos siliconados son áreas erotizadas por cirugía estética).

De hecho, es en el material con el que se creó la *love doll* que se encuentran defectos imperceptibles, asimetrías, áreas sin forma y arruinadas que dan singularidad y núcleo real a un objeto por lo demás glacial en su perfección. Piénsese en el protagonista de la historia de E.T.A. Hoffmann, *El hombre de arena* (1987, 1817), relatada por Freud en su ensayo *Lo siniestro* (1993, 1919). Incluso la silicona no resiste el paso del tiempo, si no se masajea a diario y se cura con productos específicos que evitan el endurecimiento y la formación de callos. El cuidado que debe tener un coleccionista es morboso y grotesco: por un lado, la muñeca es el objeto de atención, como si fuera el ángel de la casa; por otro lado, se arrastra con esfuerzo hacia los pies en lugares cómodos que lo hacen su mantenimiento menos agotador. Hay una fotografía asombrosa vendida a un coleccionista italiano y realizada por la artista Azusa Itagaki, que es parte de la serie presentada en la *Casa di Bambola* (2011), que muestra un interior doméstico del cual se puede ver parcialmente una superficie blanca (¿quizás una cama o una mesa?) sobre la que descansa sobre la espalda y abandona un cuerpo femenino con piel fría y acogedora; en primer plano se ofrecen a la mirada del visitante las nalgas firmes y anchas descubiertas por una suculenta tanga negra, siguen las piernas juntas y la espalda doblada hacia abajo; una mano menos nítida por el movimiento de una pieza que se encuentra con toda la evidencia que actúa sobre la pantorrilla de la criatura, parece decidida a limpiar el cuerpo de la chica. Si bien el centro de la imagen está ocupado por el asiento desbordante, es imposible no notar que el *punctum* barthesiano (1980) de la imagen es otro: la mirada está dirigida, de hecho, súbita desde la parte posterior hasta las plantas de los pies. Porque están sucias. Es allí, en la mugre del talón y los dedos que sopla un golpe obsceno y vital inmediato de la muñeca, es solo desde ese punto que dudamos si estamos mirando a una chica tendida en el suelo, un maniquí o una imagen retocada, es solo a partir de aquel preciso instante en que nos excitamos.

Claudia Attimonelli y Vincenzo Susca

En torno a la *Historia del ojo y las muñecas de Bellmer*

> *Los pies en el fango pero la cabeza casi a la luz, los hombres se imaginan obstinada-mente un flujo que los elevaría sin retorno en el espacio puro. De hecho, la vida humana implica la ira de ver que es un movimiento de ir y venir de lo inmundo al ideal, y de lo ideal a lo impuro, la ira que es fácil de descargar en un órgano tan bajo como el pie. [...] La apariencia horriblemente cadavérica y al mismo tiempo arrogante y orgulloso del dedo gordo corresponde a esta burla y da una expresión aguda a los trastorno del cuerpo humano, obra de una violenta dis-cordia de los órganos. [...] El clásico fetichismo del pie empuñado para lamerlo desde los dedos indica categóricamente que se trata de baja seducción.*

> *[...] reconocer que uno es seducido de manera baja, sin transposición y hasta gritar, abriendo mucho los ojos: abriéndolos hasta el frente a un dedo gordo.*

> GEORGES BATAILLE, *EL DEDO GORDO DEL PIE*, 1929.

Georges Bataille, en el Diccionario Crítico de la revista *Documents* (1929), de la que fue fundador y secretario general, ofrece una representación extática de lo humano que pasa desde la recepción de lo informe y lo inmundo solo gracias a la visión obscena, fija y pornográfica de un dedo gordo en primer plano, argumentando que la debilidad humana solo en la "penumbra poética" (ibidem) aceptada a abandonarse a lo bajo y lo informe, hasta gritar, de hecho, con los ojos bien redondeados, delante de un dedo gordo. La imagen propuesta por Bataille es potente y efectiva si se pretende investigar la interzona en la cual la producción y el consumo de material porno encuentran la explosión de alegría, placer y del goce, se podría decir un estado de gracia, que muy poco precede, casi coincide con el crecimiento y el advenimiento del placer. Que es el "venir" solitario o con otros, suprema imagen del éxtasis, estos "veníres" se unen firme-mente en una cadena a las imágenes más obscenas, que jalan hacia abajo, a quien le atrae, como lo haría una criatura del inframundo que hizo que una mano en descomposición emergiera del suelo para agarrar los tobillos del pecador y de la pecadora atrapado en el estado de voluptuosa "pornogracia" [3] para precipitarlos en el imaginario inmundo que los sedujo produciendo tal elevación. Lo bajo para Bataille, a través de su epítome, el dedo gordo y el fetichismo que este induce, testifica del carácter burlesco y, añadimos, grotesco (Bajtin, 1979), que mueve la seducción. Sí, un dedo gordo "humeante" (Bataille, 1929), así como la exposición de la carne trémula que se husmea de una falda muy corta cuando ella revela su fisura entre los muslos, o una forma protuberante de la zona pélvica gracias a los pantalones ajustados, o una banda elástica imaginado bajo una tela que corta y se divide en secciones pulposas caderas y glúteos haciéndolos libidinosos.

Es en el excedente de la carne y sus visiones voraces que se genera el imaginario porno, produciendo un cuerpo paradójico, cuyo amanecer está siempre teñido de gracia. Tal gracia se deriva de una licitación inicial innegable pero inconfesable, insurgente de carne hecha electrónica por el medio privilegiado de la web. En la red, frente a una incalculable cantidad de videos porno en línea, por un momento capturamos el *hic et nunc* de la mirada en la habitación y sentimos la emoción que precede a la efervescencia del sexo, y que prepara nuestra carne para dejarla tierna y preparada.

Diez años después de que Bataille escribió sobre el dedo gordo del pie (ibidem), en ocasión de la Exposición Internacional Surrealista celebrada en París en 1938 y organizada por André Breton y Paul Éluard, Marcel Duchamp creó una pantalla con el techo cubierto con bolsas de carbón que colgaban hinchadas en las cabezas de los visitantes tan grandes como grandes órganos sexuales y el suelo recubierto de hojas secas. André Masson presentó el famoso maniquí de una amante encerrado en una jaula de pájaros mientras que pequeños peces aparecen cristalizados en el acto de cruzar las barras (*Tête dans une cage et baillon avec une pensée sur la bouche*); otros simulacros femeninos de Man Ray, Salvador Dalí y Max Ernst llenaron las salas y se ocuparon con un potencial pornográfico exorbitante en el espacio crítico de Europa en el momento ya invadido por la furia nacionalsocialista. La misma furia que llevó en esos años a la destrucción de las inquietantes y perturbantes *Puppen* de Hans Bellmer, también presente con una muñeca en la exposición.

Bellmer, de origen polaco y ciudadano alemán, había buscado y encontrado refugio en París apenas en 1938, después de que sus obras

---

[3] Agradecemos a Alberto Abruzzese por haber dado vida a la palabra "pornogracia" en el transcurso de una discusión tuvo lugar durante el simposio "Pornocultura. La carne está en línea", que editamos en el Festival de Internet de Pisa el 11 de octubre de 2014.

fueran censuradas y prohibidas como arte degenerado. Desarticuladas criaturas anormales, acéfalas, a excepción de una pareja, con labios ansiosos y ojos vacíos y fijos, del mismo tamaño que una mujer viva, creadas por el artista para ser sus sujetos fotográficos; expresión de una fantasía salvaje y oscura del cuerpo societal deseoso de aquel tiempo, también ahora incapaz de cerrar los ojos antes del hervir de la carne y en el crepúsculo de las restricciones del humanismo.

Las suturas de las extremidades de las muñecas de Bellmer son el *punctum* más excitante que un fetiche como una muñeca puede sostener girándose a quien la observa. Son la primera tecnología que permite la desorganización del cuerpo sin órganos (Deleuze y Guattari,1996), una especie de recomposición según las jerarquías dictadas por los planos de deseo y no por la organización del organismo *stricto sensu*.

Recordar / desmembrar. Desmembrar / recordar, penetra a lo largo con el ojo, de modo que el par doble de senos y de piernas cobran vida, en la recomposición bajo la mirada de su ensamblador, hinchado el globo ocular, hasta empujar la pupila eréctil hacia afuera. De ahí, así, de repente, se retira y recrea el agujero negro capaz de contraerse y dilatarse como si tuviera sexo en los ojos: "una vez que la imagen del sexo se ha insinuado debajo de la del ojo, ningún impedimento para la sexualidad disfrazada como una facultad visual para mantener sus promesas maravillosas" (Bellmer, 2001: 17).

En la primera edición de *Historia del ojo* (2008) de Bataille de 1928, el texto fue intercalado con 8 ilustraciones pornográficas realizadas por André Masson, mientras que la segunda edición de 1945 llevó 6 grabados de Bellmer con una línea fina, limpia y redondeada. Espirales y siluetas parecen pertenecer a un registro de gráficos puramente surrealistas.

El trágico erotismo de Bataille y el sádico rigor del marqués parecen ser recíprocamente contagiosos, dando vida a un ser horrible, denso de tumores y, sin embargo, morbosamente atractivo. El último describe la escena final de la novela, un lascivo clímax ascendente coloca el ojo loco de excitación en la vulva de Simone –*l'oeil-sexe*– y desde allí irradia el frenesí sexual que hace que cada órgano en el cuerpo sea un posible crecimiento para ser tragado y un hueco para ser invadido, por lo que la extirpación del ojo del sacerdote mediante unas tijeras, finalmente se convierte en el globo testicular tan codiciado de Simone: "*Métemelo en el culo* –gritó Simone–. Sir Edmond metió el globo en la fisura y empujó. Al fin Simone me dejó, quitó el ojo de las manos de Sir Edmond y se lo introdujo en la carne" (ibid.: 141). Este acto provoca la visión siempre atenta del narrador: "Me encontré frente a lo que –imagino– esperé por siempre: como una guillotina aguarda la cabeza para ser cortada. Me pareció que mis ojos se habían vuelto eréctiles por el horror" (ibidem).

El estatuto del texto pornográfico de Bataille produce un impacto aún mayor en el lector gracias a las imágenes cegadoras que lo inflamaron; quería desde la primera edición infectar a los lectores, como lo fue también para su último trabajo, *Las lágrimas d'Eros* (2004), cuando el autor se entregó a una investigación espasmódica y bien detallada de la iconografía erótica que, de hecho, constituye la columna vertebral y la carne de este volumen, cuyo texto sirve como un preliminar sensual al visual.

"Ví en la vulva peluda de *Simone*, el ojo empalagoso de *Marcelle* mirándome con lágrimas de orina. Los espermatozoides del semen sobre el cabello humeante terminaron dando a esta visión un carácter de tristeza dolorosa. Mantuve los muslos de Simone abiertos: la orina ardiente corría desde debajo del ojo por la parte inferior del muslo" (Bataille, 2008: 141).

La necesidad que sintió Bellmer de construir su famosa muñeca no como una escultura en sí misma, sino como una instalación cuya esencia artística reside en su puesta en escena y en su específica puesta en escena medialógica, confirma una vez más la vista como un órgano erotizado alrededor del cual gira toda la escena, y la fotografía como su *médium* carnal.

Las *Puppen* de Bellmer fueron fotografiadas por él, de hecho, se lucen en las escaleras de la casa, en la versión acéfala con cuatro extremidades inferiores en un bosque, otra está atada a un árbol mientras que un hombre en un impermeable oscuro está oculto detrás de un tronco grueso, una está abarrotada en un vestidor y junto a su cara se encuentra la de su creador que, muy significativamente, aparece como un fantasma a su derecha por una sobreexposición fotográfica. Esta serie de imágenes, junto con otras, se imprimieron en privado y fueron publicadas anónimamente por el artista en 1934 en Alemania, en un volumen titulado *Die Puppe*: había diez fotografías representando *tableaux vivants* que hoy llamaríamos *site specific*.

La incomodidad perturbadora que atrapa al observador de las muñecas de Bellmer, así como sus dibujos, ha sido bien interpretada en una exposición excepcional del 2010 dentro del íntimo y curioso museo del surrealismo de Berlín en el elegante distrito de Charlottenburg. La exposición, titulada *Double Sexus*, propone un diálogo hipotético entre Hans Bellmer y Louise Bourgeois (quien luego desapareció en 2011), hecho de signos obscenos y materiales podridos y polvorientos, apretados y colgados en lazos.

En una pequeña habitación especialmente recreada en el centro del vestíbulo principal, se podían ver algunas páginas de las obras de Georges Bataille, cuyo complemento eran, no los diseños obscenos de Bellmer previstos en la edición original de la *Historia del Ojo*, sino raras fotografías de la época colocadas bajo el vidrio, tomadas por el artista y tan pequeñas como los ejemplares de fotografías antiguas. Las imágenes, retratando mujeres de carne y hueso en posturas libidinosas y lascivas, habían sido colocadas casi escondidas, o al menos no accesibles de forma inmediata para el visitante de la exposición; de hecho, estaban bajo un estante aislado cuya tapa debía levantarse como la de un teclado de piano. Una vez levantada, dado el tamaño minucioso de las imágenes y la altura reducida por la tabla que las contenía, era necesario para el observador inclinarse un poco para verificar los detalles prometedores y deliciosos que las escenas anticipaban. Vista desde el exterior, la sala ofrecía el espectáculo de una procesión de *voyeurs* que, con la cabeza inclinada y la mirada afilada, con la nariz creando un ambiente cálido de vapor contra el cristal en el acto de visitar esa zona de la exposición, despertaba la curiosidad de las otras miradas acomodadas en los asientos para establecerse justo ahí, compartiendo y participando del voyeurismo. No del todo sigiloso: el acto más obsceno de la exposición *Double Sexus*. En una de las imágenes de la exhibición había en el interior de una casa, en primer plano, la parte trasera de una bicicleta de otra época, cuya montura dura, de hierro y cuero puntiagudo da la bienvenida a la vulva oscura de la mujer que la monta, mostrando la espalda extendida gracias a dicha postura.

El imaginario de los años en que el Surrealismo derramaba sueños lubricantes en las metrópolis occidentales nos llegó en colores sombríos y en películas en blanco y negro. Algunas notas de color pintadas en rojo durante el desarrollo del cuarto oscuro aparecen, por ejemplo, en algunas fotografías de Bellmer, que enrojecieran los orificios y las uñas de su compañera de los años cincuenta, la visionaria artista y modelo Unica Zürn. Ella posó atada y fría con hilos largos y delgados que le deformaban la generosa carne de su estómago, muslos y caderas (Bellmer, 1958). Las imágenes que retratan la frágil y automática belleza[4] de Unica Zürn creadas

---

[4] La artista, que se suicidó en 1970 debido a su estado de salud mental, había sido animada en la vida por su compañero y amante Hans Bellmer (quien la seguirá a la tumba 5 años más tarde, en el cementerio de Père-Lachaise en París) para cultivar el don de la escritura y el dibujo automáticos, de los cuales ella era una profunda y fina intérprete.

por Bellmer son un precioso legado para los amantes de la pornografía de finales del siglo XX y de la década de 2000, ya que dan la bienvenida a la estética gótica y fetichista contemporánea. Estas postales hechas en la era de la posguerra enriquecieron la actual cuenca de la seducción y la moda que tiene sus orígenes en la visión actual paradigmática del fetichismo.

El médium fotográfico, transición entre fetichismo y performance body art

El zipper es la mayor metáfora del acto sexual transformado en una cosa útil.

Massimo Canevacci Ribeiro, *Una stupita fatticità*, 2007.

A partir de la normalización del fetichismo que tuvo lugar alrededor de los años ochenta del siglo XX (a través de algunos lenguajes, como el video musical y la moda), hemos alcanzado la etapa actual de la porncultura. La incubadora de Europa occidental que eclosionó la Primera y la Segunda Guerra Mundial también alimentó, como se sugirió anteriormente, una serie de visiones mórbidas en el centro del cuerpo sufriente, mutilado y descubierto por la violencia de las guerras.

Por primera vez, gracias al *médium* fotográfico, se entregaron al mundo entero una galería de cuerpos martirizados, cuyas imágenes tuvieron la función de testimoniar los horrores del Holocausto y de los muertos mutilados en los campos y en las ciudades. Inevitablemente, alimentaron el sensacionalismo durante un siglo que solo esperaba celebrar el espectáculo de la tragedia diaria de una manera grotesca; cuartos de carne uniforme, ensamblados y apilados como en las representaciones artísticas de la escena vienesa *Aktionismus*, que en los años sesenta y setenta llevaron a cabo visiones de pánico en las que "el cuerpo se usaba como medio y como campo de acción (Krystufek) o como un punto de referencia esencial (West)" (Klocker, 2005: 19).

No es irrelevante recordar qué fue exactamente el *médium* fotográfico, con su postura ambigua de obra de arte y, al mismo tiempo, de soporte documental (Benjamin, 2000), el favorito de *Aktionismus* para transmitir sus acciones improvisadas al público venidero, incluso, si no estaba presente durante el *hic et nunc* del performance: "De hecho, el accionismo de Viena (...) fue fotografiado y su aceptación cultural dependió exclusivamente de este medio. La ejecución y el carácter de la acción típica de un evento, la insistencia en el acto en sí (*actus* más que *potencia*) fueron petrificados y modificados por el documento fotográfico. Los accionistas estaban al tanto del deslizamiento en otro *médium*" (Gorsen, 2005: 119). Un deslizamiento tan viscoso de un *médium*: el performance en sí mismo con su virulenta unidad de tiempo y acción en la que el cuerpo sufre y se convierte en una obra de arte mutilada, en un otro: el medio fotográfico, en el que interviene un tercer ojo para superponerse a la visión, es decir, la del fotógrafo *voyeur*, implicó para el *Aktionismus* vienés una especie de obsesión con la imagen. Las fotografías de las acciones performativas representaban, de hecho, las fases que conducían al momento apical artístico, en algunos casos, generando una documentación pura sin postproducción, en otras palabras, inmortalizando un instante de la acción que hace de la fotografía una toma obscena perfecta como una imagen.

Por ejemplo, Hermann Nitsch se ha inspirado en una idea de arte total, en la que se unen los restos de acciones, fotografías, escenarios, para revelar de esta manera los diferentes grados de realismo de la imagen representada. Todo este interés en la fotografía como *médium* para transmitir el legado del *Aktionismus* vienés expuso el movimiento a la misma crítica social contra la cual se alinearon los artistas involucrados: la estetización y el consumo de imágenes a través del consumo del cuerpo. Aunque parezca una condición contradictoria, no hace falta decir que debe entenderse fisiológicamente como intrínseca a una corriente artística que, rechazando la respetabilidad y rigidez de las costumbres, utilizó el cuerpo marcado por prácticas profanatorias y profanadas, produciendo a su vez rituales parareligiosos que utilizaron el culto de las imágenes obscenas para darse a conocer.

Sin embargo, la experiencia del *performance* y del *body art* con el cuerpo vivo en el centro, reprimido y atormentado en los lugares dedicados al eros, tuvo efectos sociales catárticos, precisamente porque los protagonistas del movimiento fueron estigmatizados en base a imágenes que fijaron para siempre el clímax de la desmitificación del imaginario simbólico religioso, evacuando en un cierto sentido, a sus fantasmas de una vez por todas. Basta pensar que en esos mismos veinte años fue la edad de oro de la cinematografía porno con antecedentes religiosos, devenida después menos elocuente respecto a los temas contra los cuales se lanzaba. Tal carga liberadora transmitida por los artistas, expiada en su propia piel (Rudolf Schwarzkogler se suicidó en 1969), no es muy diferente del poder actual de liberación del imaginario *fetiche* del cual hacen uso algunas escenas urbanas en el nuevo milenio. Partiendo de la estética de los retratos presentes en las redes sociales, todo comenzó con MySpace en la primera década de los 2000, desde esa caja cibernética donde se promueve nuestra imagen que constituye la identidad electrónica reconocida como la más adherida al yo, es fácil notar cómo las fotos de los perfiles se acompañan de elecciones de ropa *fetish oriented*. Destacados en las vitrinas, la publicidad y las marcas que hacen referencia al *bondage* y los estilos sensuales, muy sensuales, los perfiles digitales acumulan selfies y tomas que atestiguan las visitas al *dance club*, y el *postrock* con estética BDSM, fiestas privadas con *dress code*, vestidores y habitaciones utilizadas para poses arriesgadas... cada instante documentado puntualmente en Facebook, Instagram y agendas.

En todos estos contextos enumerados prevalece un excedente de los rasgos distintivos asociados con imaginarios fetichistas e incluso sadomasoquistas, es aquí donde vemos la mayor concentración de fenomenología *soft-fetish-porn*: las posturas del cuerpo lascivo en la playa, en la cama al despertar con pies descalzos bien a la vista, autorretratos que muestran turgentes labios rojizos apenas abiertos como si esperaran a llenarse de humedad, en marcos *instagramados* con filtros apropiados. Es precisamente sobre los efectos de estos filtros que pretendemos detener brevemente nuestro análisis: las aplicaciones fotográficas y de retoque se han abierto camino rápidamente siguiendo el éxito demostrado por los efectos cosméticos de Photoshop, el software que inventó la cirugía estética al alcance de todos, lo cual, sin embargo, no fue fácil de usar: del verbo cacofónico *photoshoppear* nos deslizamos en el más reciente de *instagramear*. Una mirada cuidadosa no escapa al hecho de que los marcos y los filtros predeterminados, recubren con un estilo vintage falso y glamuroso, un estilo BDSM y fetiche que, por el contrario, nace para mostrarse estrictamente sin velos y sin filtros, es decir, de baja resolución, el bruto, el realcore (Messina, 2010) –en una palabra– lo bajo (Bajtin, 1979). Para obtener este resultado en la iconografía de las redes sociales, parece necesario insertar filtros que se refieran a una era fotográfica indefinida de una impresión retro, persiguiendo el aura de autenticidad que pasa por la manipulación.

Hoy en día, lo real se ha convertido en la coartada del modelo, en un universo apoyado por el principio de simulación. Y, paradójicamente, lo real se ha convertido hoy en nuestra verdadera utopía, pero es una utopía que ya no pertenece al orden de lo posible, porque uno solo puede soñar con él como un objeto perdido (Baudrillard, 2000b: 28).

¿Cómo interpretar esta dinámica interrelacionada de estilos y modelos estéticos de alguna manera en oposición?

Es en la paleta de los filtros fotográficos donde se ubica la diferencia radical entre la tendencia actual de un fetichismo estetizado hasta devenir inofensivo y los movimientos *underground* contemporáneos que practican el *performance body art* (Palomba, 2014). En este último, de hecho, prevalece el momento en que el cuerpo se escenifica y ocupa el espacio de intimidad del espectador, que, por el solo hecho de estar presente en la sala para ver ese acto, queda atrapado por una profunda sensación de inquietud, ya que, como *voyeur* es como si él o ella estuviera allí para cortar la piel y mostrar los orificios excitados por el dolor. Durante el *performance* del *erotic body art* hay una especie de vergüenza hacia una escena que también nos incluye a los espectadores, pero que en realidad no deberíamos poder ver. De hecho, en estos contextos, la imagen fotografiada que surge después de la realización del acto no es sofisticada, a veces incluso es pobre, oscura, borrosa, no sigue la aprobación del esteta, sino que aspira de una manera *amateur* a presenciar el gesto, para poner al espectador frente a la crisis del sujeto observado. E incluirlo en ese mismo acto crítico.

La experiencia del *Aktionismus vienés*, con su carga de salpicaduras de porno-macabro incluso *splatter*, con la carne expuesta en trozos salpicados de rojo sangre, a pesar de haber anticipado algunos de los aspectos más virulentos de la cultura proto punk,[5] la cual años después, está lejos de la estética pornoerótica contemporánea de matriz fetichista. De hecho, no es el cuerpo torturado y lacerado en el centro de las estrategias

---

[5] En este sentido, veáse, entre otras, la película de Richard Kern: *The right side of my brain* (1984), un erotismo corrupto, el corto fue acusado de estética fascista por la exasperante dosis de sadomasoquismo. Esta, junto con otras películas en una colección llamada *New York Underground Collection* (1984), representa la tendencia de "porn-punk-pop-art degenerata". En una escena en blanco y negro donde vemos la perezosa y lasciva entrada de Jim Thirlwell (Fetus) a una habitación en ruinas, oscura y destartalada, seguido poco después por Lydia Lunch, quien viste cuero y ropa interior de encaje; ella se arrodilla a sus pies, su adoración y su mirada carnívora, frotándose la nariz y la boca en el chasquido de sus pantalones, su puño presionando su cabeza y la cámara se enfoca en una felación

de comunicación visual sutiles lo que ha aclarado, en aproximadamente cincuenta años, la *vulgata* más comercial del sadomasoquismo que luego se fusionó en productos endulzados y ampliamente consumidos, como el libro (James, 2012) y luego una película del mismo nombre, titulada *Fifty Shades of Grey* (Taylor-Johnson, 2015).

La matriz fetichista que impregnó el imaginario de finales del siglo XX e inauguró el nuevo milenio se ha deslizado en nuestra vida cotidiana para integrar lo más radical y apto para producir voluptuosidad y placer. Pensamos en las medias de red, en el esmalte negro. También en la lencería negra que sobresale de los escotes, las cintas y las transparencias que dejan la piel expuesta, los zapatos con agujetas y las botas con tacones vertiginosos (Steele, 2005).

Creemos que en el origen de la diseminación en nuestra vida diaria de estos signos, existe la descontextualización de las obras de Bellmer nacidas en la angustia germano-nazi, dentro del *ambiance* surrealista parisino. De hecho, la marca original de dominación, sumisión, patología y perversión que emana de estas imágenes de época, aspira hoy a transmitir una estética más inofensiva y sofisticada que mórbida, que encuentra aceptación en las tribus oscuras y góticas que aglomeran el mundo del erotismo burlesco y sombrío de Berlín (desde el Kit Kat hasta el Berghain). Al mismo tiempo, tales cuadros bellmerianos creados gracias a las atmósferas de estas fotografías, logran incluir el malestar parisino que fluye hacia la *jouissance*, agregando un ligero toque frívolo y *old fashioned* derivado de la opacidad de los fondos y la malicia de las miradas. Por último, para completar esta razón pornofetichista que parece dirigir los horizontes de la época en la que vivimos, debemos incluir un caso exótico que vino de Japón y que la vieja Europa ha asimilado de los modelos iconográficos de Nobuyoshi Araki (2014), que bien se puede resumir en dos elementos: *bondage* y sumisión. Bajo esta perspectiva se analizan los iconos de los perfiles electrónicos, en los que prevalece la puesta en escena de los tonos azulados o blancos y negros, de los labios oscuros y llenos, de las caras que expresan un desprecio melancólico, de las pestañas que cubren los ojos, de los marcos para resaltar la delgadez, la palidez, la desnudez.

Si se deja uno llevar por los álbumes más morbosos y artísticos de Pinterest a partir de Bellmer, se notará, por ejemplo, el hilo temático

---

en blanco y negro; suceden muecas, gemidos y cacofonías eléctricas. En un momento, siempre filmada en un blanco y negro impetuoso, vemos al protagonista regresar a casa y encontrar a la amante que se ha suicidado en la bañera, atrapado por un arrebatamiento, se pone el sexo en la boca y alcanza el orgasmo con la mujer empapada y sin vida.

generado por los *tags* del usuario, que producen el siguiente flujo de navegación: Bellmer, Zürn, Bataille, *Histoire d'oeil, burlesque*, Araki, *bondage*, surrealismo. Una especie de proceso de abducción, como el que llevó al agudo Dupin (2013), inventado por la pluma de Edgar Allan Poe, a encontrar las claves para resolver misterios aparentemente complejos gracias a una mirada "oblicua" de lo cotidiano banal. Del mismo modo, los pasos que seguimos en esta asociación de nombres del siglo XX, de prácticas y estética, se acompañan directamente ante una gran cantidad de criaturas, formas gráficas, textos audiovisuales, ropa y accesorios marcados por la veta del fetichismo y la morbilidad que son del porno las fronteras menos displicentes y más anunciadoras de horizontes inexplorados.

El *Jardín de los Suplicios* o *The Torture Garden*

No hay límite a la experiencia. Absolutamente ninguna cámara.
Trajes fetiche completos. Goma, Lencería. PVC.
No ropa de calle ni ropa de club.

TORTUREGARDEN.COM, *2005.*

Mayo de 2005. Cumpleaños de mi querida amiga inglesa E ***. La invitación es celebrarla en el Birthday Ball del Torture Garden[6] (TG) en el London Dungeon, para que quede claro, el área gótica de Londres que albergaba una especie de parque temático de terror con citas de masacres, monstruos urbanos, vampiros y destripadores: Museum of the History of Horror, como se ha definido. El automóvil de K ** estaba estacionado no

---

[6] Es una fiesta que nació en Londres en 1990 por Alan Pelling y David Wood. En poco tiempo se convirtió en el punto de referencia para la escena dance vinculada al universo del fetichismo y el BDSM. El nombre deriva de la traducción al inglés de la novela de 1899 por Octave Mirbeau, *Le Jardin des supplices* (2009), las iniciales TG adoptadas normalmente recuerdan la de la banda seminal del *género industrial*, los Throbbing Gristle. La *crowd* a la que siempre han apuntado y que ha sido definida con el tiempo de sello transgénero, en el sentido de que atraviesa estilos y prácticas de forma lúdica, estética y para algunos militantes. El público hetero y LGBTQ incluye post gótico, *industrial, SM hard-core, fetisch fashionist*, también en las escenas del *piercing* y el *body art* contemporáneos.

muy lejos, caminamos hasta el túnel que conduce a la entrada; estaba un poco con frío, con ropa que no me permitía cubrirme de las temperaturas de la noche en Londres, todavía un poco duras. En grupos pequeños y en parejas, los clientes y clubbers estaban vestidos impecablemente de góticos y fetichistas, en la galería resonaban los talones masculinos y femeninos que lo recorrían un eco izquierdo y marcial. Me preguntaba si no estaba demasiado soft con mi ropa comprada en una tienda de caucho de Berlín el año anterior. Estábamos en la cola, admiraba los trajes de todos. Estaban disfrazados como si fuera una fiesta de Halloween erótica. Mujeres altas con coletas tiradas en la parte superior que las hacían aún más extrañas, en zancos de pintura, con perforaciones que deformaban los lóbulos y los retractores de la piel colocados en diferentes puntos del cuerpo. Parejas de hombres y mujeres, grupos heterosexuales, cada uno emocionado esperando entrar en el gran circo del erotismo. El nombre de Torture Garden fue particularmente relevante porque el clima fuera del local no parecía grave en absoluto. Estábamos cerca de la taquilla. El boleto se podía comprar por adelantado, era bastante caro, alrededor de 20 libras, por lo que la selección no era similar a la de Sven Marquardt, el portero de Berghain, quien rebota de acuerdo con criterios inescrutables de estilo, coolness y de ser insider/outsider de la escena, aquí se ingresa pero se advierte sobre las reglas. Con el boleto, de hecho, también recibí un flyer que especificaba lo que podía y lo que no podía hacer durante la fiesta. Básicamente, podía hacer todo lo que quisiera para divertirme, lo importante era no molestar a nadie, que la otra persona consintiera y que, si era acosada, notificara de inmediato a la seguridad para que me protegiera. Había un vestidor donde se cambiaban las mujeres y hombres al estilo streetwear o con ropa que traían en la mochila, o al alquilar o comprar los disfraces del TG. También había un pequeño rincón de maquillaje. Tan pronto como me golpeó un hombre de unos cincuenta años que iba sobre cuatro piernas con una correa de cuero negra y una cara ridícula, le pidió a su amante que caminara más despacio para no lastimarse la garganta tirando de la correa. Había miles de personas, las habitaciones eran inmensas, en los baños ciertamente se consumía de todo, pero con disciplina y extrema higiene. La sala de torturas me atrajo porque, sin ser una sala oscura, cualquiera podía entrar, y había torturas de todo tipo y siempre, pero sobre todo las típicas de BDSM, todas envueltas en una luz tenue, lo que permitía presenciar claramente; algunas máquinas estában ocupadas por personas que habían elegido presumir, por ejemplo en las columnas, luciendo el cuerpo desnudo y exponiendo las nalgas con las piernas separadas, u otras esperaban ser azotadas por socios al azar que invocaban quejas. Me hubiera gustado quedarme más, pero básicamente estaba por comenzar un show de bondage japonés de suspensión. Nunca había visto uno, así que me moví lentamente a lo largo de largos rayos de luz azul y roja que rociaban los orificios, aparte de los lazos y las cuerdas de las mujeres que eran muy altas, mientras que el público estaba abajo con la cabeza vuelta hacia sus genitales suspendidos. ¿Qué? Me pregunto. ¿Actuaciones de circo o prácticas sexuales? No parecía generar excitación, pero la excitación estaba en todas partes y, sin embargo, se bebía cada escena con un aspecto voraz, mientras que junto a mí las criaturas estaban vestidas de las formas más exageradas, desde disfraces porno hasta cinturones de castidad que portaban sin otras prendas, combinaciones DIY de bricolaje que entrelazaban fetiche y queer. Muchos se acoplaban en la pista o al margen. Algunos se limitaban a frotar en los trajes voluminosos. Nada parecía estar prohibido o controlado, sin embargo, había un control perfecto de todo. Creo que asistí a una fiesta enmascarada donde el pornerotismo estaba tan bien enmarcado socialmente que podía ser sistematizado para permitir cumplir con todos los aspectos posibles, convirtiéndolo en un estilo de vestir más que en un estilo de vida. Salimos por la mañana alrededor de las 6, estaba profundamente regenerado sin ser impactado por una galería interminable de cuerpos expuestos en sus momentos obscenos y que nunca pensé que podría encontrar en carne y hueso fuera de las pantallas de la red.

El umbral que une y separa el erotismo del porno se regenera, como se afirma repetidamente, en el poder oximórico del pornoerotismo: es, como una bisagra de metal que se abre escindiendo un escote profundo o el cierre hasta lo alto de la garganta, capaz de desencadenar y desbloquear deseos inefables y sin precedentes. A esto se agrega el hecho de que en los últimos años la pornósfera ha ganado un lugar importante dentro de la constitución de los lazos emocionales e interpersonales de numerosos países, que, desde Estados Unidos hasta Europa, con Italia, Alemania, Francia, España e Inglaterra, y Asia, con Corea del Sur y Japón, se dieron cuenta de que ya no se podía pasar por alto el auge de la industria del porno *online*. No se puede ignorar el *sex appeal*, es decir, la invocación y evocación del sexo, que sigue siendo el primero entre todos los demás atractivos económicos ahora comúnmente aceptados por el mercado, aunque siga siendo considerado inmoral por los consumidores y académicos atentos a políticas de género (para una condena radical del porno, en este sentido, véase Dworkin y MacKinnon, 1988; Marzano, 2013). La referencia más o menos explícita al sexo, tanto en lo que respecta a las tecnologías que distribuyen el contenido del porno, como a la difusión de los signos atribuibles al imaginario sexual, impregna la ropa, los cosméticos, el diseño y los gráficos, y más en general de la estética publicitaria. Este fenómeno, a través de eventos como, por ejemplo, el ajetreado calendario de eventos de *Torture Garden* para nombrar sólo uno de ellos, muestra que durante más de una década el porno ha sido capaz de identificar, inventar y absorber partes del mercado, así como los gustos privados, generalizados y ahora socialmente integrados; el porno está experimentando una expansión como para rociar múltiples intersticios de la vida cotidiana sin ser relegado a un nicho para unos pocos y en su mayoría hombres, aunque se considere pervertido, por otro lado, también está claro que la frontera de lo que se puede llamar porno se está moviendo hacia la exploración de nuevos territorios al máximo.

La pornografía tradicional se refiere a la producción considerada ilegal por la moralidad pública del contenido explícito en materia sexual, más la proliferación incontrolable actual de sitios que se enriquecen diariamente con materiales y la absoluta accesibilidad de los mismos, significa que hoy debemos hablar de un nuevo porno, *post-porno, transmedial-porn, new porn* si se prefiere.

"Productores alternativos, trabajadoras sexuales activistas, feministas jóvenes a favor del porno, redes de porno *queer*, técnicas y estéticas innovadoras, p2p, nuevas culturas sexuales y perversiones extremas" (Jacobs, 2007:3) son parte de la nueva frontera, son la porncultura que habita en la vida cotidiana. Se mueve en el eje de la innovación tecnológica para fines de mercado, es decir, la densa red de producción y comercio electrónico para el consumo, y se basa en el consumo privado para fomentar la experimentación y la implementación de la comunicación sexual digital entre usuarios de todas las edades, género y origen socio-geográfico, con un impacto diario.

Se percibe, en una inspección más cercana, en el tejido societale electrónico –aunque no se limita a ella– sino que emana de las pantallas y se refleja en las relaciones de carne y hueso, un impulso dirigido a investigar y obtener placer con el Otro que es el impulso más fuerte para mejorar las modalidades tecnológicas de intercambio de datos con contenido sexual. Tal solicitud proviene de aquéllos que, viviendo en la red, usan y llenan los *chats*, los videos, las imágenes, los comentarios, los discursos, los clics que hacen avanzar y expander el espacio digital erotizándolo cada vez más.

En este punto es necesario introducir la otra dirección en la que nos especializamos en el imaginario pornoerótico, conquistando nuevas tierras, precisamente porque es gracias a la evolución tecnológica de los medios de comunicación que territorios inexplorados han desplegado y acariciado oportunidades de disfrute sin precedentes inconfesables.

Hasta la década de los 90's, el universo fetiche fue condenado e incomprendido, hoy inyecta los estilos de los personajes de televisión y cine; la moda *mainstream* de las cadenas y accesorios se ha integrado haciendo esta inofensiva (Calefato, 2011) tal *via crucis*, una metáfora con un alto valor evocador para el fetiche, ha anticipado, allanando el camino, la entrada del porno en el reino del placer oscuro, donde domina la parte maldita (Bataille, 2003) del yo. Esta, en los albores del nuevo milenio, ya no es tímida, yace en la puerta de los palacios, túneles, salas privadas y precipicios alimentados con visiones consideradas (¿por un tiempo?) *underground* y revolucionarias, porque son desestabilizadoras y no están muy difundidas. Consideramos éstas entre las más sombrías y execrables del escenario *horror*.

III

AUGMENTED LIBIDO

Tenía mi cámara, pero estaba oscuro.

Araki, *Araki*, 1979.

Aquí habla Electra. En el corazón de la oscuridad. Bajo el sol del suplicio. A las metrópolis del mundo. En nombre del sacrificio, tiro todas las semillas que he recibido. Transmuto la leche de mis pechos en veneno mortal. Recupero el mundo que di a luz. Ahogo el mundo que di a luz entre mis muslos. Lo entierro en mi vagina. Abajo la alegría de la sumisión. Viva el odio, el desprecio, la revuelta, la muerte.

Heiner Müller, *Hamletmaschine*, 1977.

Pornhorror, la imagen es el horror

<table>
<tr><td>Nicki Brand:</td><td align="right">¿Tienes porno?</td></tr>
<tr><td>Max Renn:</td><td align="right">¿En serio?</td></tr>
<tr><td>Nicki Brand:</td><td align="right">Sí, vamos, ponme en el estado de ánimo adecuado.</td></tr>
<tr><td></td><td align="right">[mira en las cintas de video]</td></tr>
<tr><td>Nicki Brand:</td><td align="right">¿Qué es esto? Videodrome?</td></tr>
<tr><td>Max Renn:</td><td align="right">Tortura. Homicidio.</td></tr>
<tr><td>Nicki Brand:</td><td align="right">Suena interesante</td></tr>
<tr><td>Max Renn:</td><td align="right">No es exactamente sexo.</td></tr>
<tr><td>Nicki Brand:</td><td align="right">¿Y quién lo dice?</td></tr>
</table>

DAVID CRONENBERG, VIDEODROME, 1982.

Max Renn fue informado por un colega suyo sobre *Videodrome*, quien le había explicado seráfico: "Es solo tortura y asesinato. No hay trama, no hay personajes. Muy, muy realista. Creo que es la próxima frontera". La película pronto revelará que las torturas que se cree que se desataron en Malasia fueron en realidad el resultado de crímenes de video en una ubicación estadounidense, no lejos de donde se ubican los protagonistas. Aunque el trabajo de Cronenberg habla de la televisión y las cintas de video, resulta poderoso releerlo a la luz de la web 2.0, ya que el videocasete fue, incluso más que el control remoto, la primera etapa que permitió al medio de televisión crear interacción con el espectador, proporcionándole un dispositivo capaz de seleccionar qué ver dentro de un continuo estratégico predefinido, así como volver y recrear uno nuevo, sin precedentes y personal. El porno en línea de hoy, desde el punto de vista audiovisual, ofrece contenido cuyas tramas se reducen al hueso (¿quizás deberíamos decir a la carne?), o que no están contempladas en absoluto; los videoclips que ofrece, gracias a los títulos que son tan efectivos como intercambiables entre sí, contextualizan a las personas, las partes del cuerpo, las prácticas y las cualidades de los protagonistas sin necesidad de una narración. El mismo vendedor del formato le muestra a Max Renn la maleta con todos los episodios contenidos en las cintas, solicita recibir el último, por lo que considera inesencial comprender lo que sucedió antes.

La atracción experimentada por Max Renn y Nicki Brand por imágenes de sexo y violencia es un rasgo recurrente en la corriente cinematográfica cronenberghiana (pensamos, entre otras películas, en *Crash* 1996), a menudo al borde entre el porno y el horror de ciencia ficción. Por ello evocamos *Videodrome* y el estado de las imágenes catódicas, más poderosas y verdaderas que la realidad, a medida que tales imágenes inventan y anticipan lo Real. El rostro de las imágenes porno consideradas peligrosas es un borde de extrema delicadeza, porque si por un lado el trastorno que surge de la visión de ciertas fotografías es subjetivo, en otros aspectos existen criterios basados en la no-consensualidad que permiten distinguir el borde en el que estos imaginarios viajan.

Refiriéndonos a la "Sección 63, Delitos, del Proyecto de Ley de Justicia Penal e Inmigración" del 2008 en vigor a partir del 2019 en el Reino Unido (*63, Offences, Criminal Justice and Immigration Act*), se incluye una parte llamada "Imágenes pornográficas extremas", (*Extreme Pornographic Images*), más tarde conocida como "Ley de imágenes peligrosas", (*Dangerous Images Act*) leemos lo que el legislador intentó tipificar como una imagen delictuosa:

> es sumamente ofensiva, repugnante u obscena de otra manera [e] representa explícita y realísticamente, uno de los siguientes actos: a) un acto que amenaza la vida de una persona, b) un acto que causa, o parece que causa, una lesión grave al ano, al pecho o los genitales de una persona, c) un acto que involucra relaciones sexuales con un cadáver humano, d) una persona que pone en escena o parece realizar un acto de relaciones sexuales o sexo oral con un animal (ya sea muerto o vivo), y que una persona razonable que mira una imagen de este tipo sentiría que tal persona o animal era real.
>
> (Criminal Justice and Immigration Act, 2008).

En estos simples puntos mencionados, está clara la relación que se establece entre la autenticidad verdadera y una presunta de la imagen considerada peligrosa, extrema y, por lo tanto, condenable. De hecho, el legislador especifica: "de manera explícita y realista", "parece escenificar" y, en el caso del término traducido al italiano como "inscena o sembra inscenare", en inglés "se desempeñan o parecen actuar", entonces la referencia es precisamente la puesta en escena ficticia; finalmente, la conclusión de ese párrafo está completamente dedicada a la credibilidad de la escena que depende de la mirada de una persona razonable. La mirada se cuestiona aún más cuando especificamos lo siguiente:

> Si una imagen se considera pornográfica o no, es el magistrado (o jurado) quien lo determina al mirarla; no es una pregunta que dependa de las intenciones de quienes produjeron la imagen (ibidem).

Por lo tanto, es en torno a la atribución de *realismo* y no de *realidad* lo que hace rotar la ley para condenar los abusos y la violencia que no se derivan del consenso entre las partes involucradas, y que pueden haber invertido y continuar invirtiendo a los sujetos involucrados en la creación del producto audiovisual y en su propia visualización. Entre los sujetos ofendidos y protegidos, en este caso, se puede encontrar a los protagonistas de estas imágenes, así como aquéllos que han presenciado el acto fotografiado y/o lo han producido, así como los destinatarios involuntarios de dichos contenidos; los propietarios, junto con quienes fotografían y producen, están del lado de los que deben ser penalizados. La ley también dice que hay contextos en los que algunas imágenes pueden ser toleradas y otros en los que deben condenarse.

La diferencia dentro de los procedimientos relacionados con la redacción de reglamentos y su aplicación a la realidad y el realismo de las imágenes es un problema para la mediología nada indiferente, ya que una imagen o un video es real y produce realidad al mismo tiempo que es realista o poco realista. No es superfluo que el profesor O'Blivion, encarnación directa de McLuhan en *Videodrome*, haga hincapié en que:

> La lucha por la posesión de las mentes, en Estados Unidos de América tendrá que ser combatida en una videoarena, con un videódromo. La pantalla de televisión, por ahora, es la retina del ojo humano. De ello se deduce que la pantalla de televisión es ahora parte de la estructura física del cerebro humano. De ello se desprende que lo que aparece en nuestra pantalla de televisión surge como una experiencia sin procesar para nosotros qué vemos. De esto se infiere que la televisión es realidad y que la realidad es menos que la televisión (1982).

Sin embargo, es particularmente digno de ser investigado el hecho de que entre los amantes de las imágenes extremas –que incluyen, entre otras, representaciones de ahorcamientos, asfixia, agresiones con armas, inserción de objetos afilados y cortantes en el pecho y los genitales, matanza de pequeños animales, entre ellos los gatos (los más maltratados), necrofilia y un agrandamiento desproporcionado del ano (género *Goatse*), por nombrar algunos– la preocupación es la misma que la del legislador, crear una visión lo más creíble y realista posible. De hecho, para que funcione, la imagen debe producir un efecto de *shock* en el espectador, es necesario creer que la escena retratada es verdadera, la idea de que no hubo consenso entre las partes y que una de ellas fue humillada y ofendida. La no consensualidad del acto, de hecho, depende de la sensación de consternación, amenaza, disgusto e inquietud que se siente al mirarla. Steven Jones, a propósito de esta dinámica, escribe sobre "la autenticidad percibida de la imagen" (2010, 133). Esta percepción de autenticidad en la pornografía escrita es débil, o en cualquier caso no es esencial, ya que está mediada por la escritura, mientras que se vuelve muy efectiva en el imaginario del porn horror *online*, porque "el espectador está potencialmente indefenso, forzado a interactuar con la imagen, y devuelto a la sensación de que el ciberespacio puede ser un lugar inestable de violencia repentina, maliciosa y casual" (ibid.: 134). Por supuesto, después del shock inicial causado por la vista no mediada por advertencias sobre la naturaleza escabrosa, sádica y horrorosa de la imagen, el espectador puede volver a marcar la distancia entre él y lo que ha visto, incluso simplemente apartando la vista de la pantalla. Sin embargo, es la prerrogativa de los *shock sites* para capturar a los visitantes desprevenidos. De hecho, estos son sitios que no están sujetos a la búsqueda activa de navegantes conscientes de las *stars* que buscan un área con un contenido específico y, por lo tanto, lo esperan, pero son *links* a imágenes o *gifs* insertados por correo electrónico, ocultos en comentarios de *trolls* o simples conocidos distantes de los foros, que en el momento adecuado son el *link* de las imágenes que generan conmoción y shock (los más famosos en el pasado fueron rotten.com, goatse.cx, lolshock.com, hai2u.com, hasta la fecha más reciente bestgore.com, gorewish.com).

Las imágenes más efectivas siempre se refieren a la victimización causada por la humillación a la que está sometido el sujeto a través de prácticas en las que los orificios del cuerpo se violan o se raspan anormalmente. El "canon de cuerpo cerrado", como ha identificado Bajtin (1979), es violado en todo su orificio potencial y actual; no solo, la noción de "cuerpo grotesco" (ibidem) que el crítico literario y el sociólogo ruso elaboró para definir la intensidad de la vida vivida en el placer hasta la celebración de la muerte, encuentra una profunda coincidencia en la galería del porn horror. De hecho, en estos lugares de la red, el frenesí del carnaval cobra vida y se extiende a la exaltación del cuerpo cuando es secretado por sus orificios y pliegues, heces, sangre menstrual, saliva, semen, orina y cualquier acción que pueda conectarse.

¿Cuánto expulsa el cuerpo constituye y genera un excremento?

Si tal excremento regresa de alguna manera al cuerpo que lo ha evacuado, porque está lamido o humedecido por él, o si se convierte en un elemento para fotografiar, incluso exasperando las posturas que destacan el acto de evacuación, inevitablemente se corrompe para siempre la integridad y la inviolabilidad de ese cuerpo, una vez sellado y protegido; la entrada en escena y la espectacularización de los agujeros y sus secreciones muestran un cuerpo invadido y visiblemente ultrajado. Si se piensa en la vena *escatológica*, en la que la mayoría de las mujeres, pero también los hombres, aparentemente homosexuales o en un contexto más bien sexista en el que pretenden humillar a cierta masculinidad, se fotografían o se dejan fotografiar mientras defecan.

En este sentido, es sorprendente ver la radical diferencia entre los sitios donde estos actos están acompañados por rostros mayoritariamente femeninos y asiáticos que sonríen y guiñen un ojo, haciendo que la escena sea muy teatral y, por lo tanto, intentan inducir una interpretación visual que apunta a la inocencia, la ligereza lúdica y la atmósfera de consensualidad en la escena, comparadas con las mismas prácticas que en lugar de este tipo de rostros refieren sufrimiento, miseria, terror y humillación. La paradoja es que las primeras imágenes evocan un profundo malestar con respecto a estas últimas. Pensemos en cómo se puede sonreír y mostrar un rostro jovial mientras el cuerpo es fotografiado cubierto de excrementos semilíquidos y ofendido por miembros sin rostro, el fondo también pudriéndose con líquidos residuales. La cuestión podría abordarse con las herramientas de la semiótica visual y el psicoanálisis para comprender las pulsiones, la estética y los objetivos que a primera vista se nos escapan.

Por el contrario, si nos atenemos a la esfera lingüística y buscamos, por ejemplo, la entrada *"Lemonparty"* en el excelente diccionario *online* Urbandictionary.com, la Biblia de los *users* más actualizados sobre la evolución de la lengua en su jerga y aspectos vulgares, la explicación del lema dice: "Una imagen de la trinidad profanada en Internet que nos demuestra que somos usuarios aburridos de Internet (*tubgirl, goatse y lemonparty*)"(Chaka, 2005). En las etiquetas que el diccionario inserta en las entradas revisadas por los usuarios encontramos: *goatse, tubgirl, meatspin, lemonparty, 2 girls 1 cup, shock site, pain series* y otras, todas las cuales son revisadas regularmente por varios autores.

Los primeros hechos de una cierta resonancia relacionada con el fenómeno de los *shock sites* se remontan a 2004. Es curioso cómo, ante una clara demonización de lo que circula en la red en este sentido, una especie de hábito a la imagen a primera vista impactante provoca muy pronto un cierto desapego y luego viene el segundo efecto deseado por parte de quienes producen estos materiales visuales: despertar diversión, apreciación, disgusto diversión. En el caso de la trinidad de imágenes obscenas mencionadas anteriormente, por ejemplo, las parodias que circulan en youtube son más numerosas en línea que las apariciones de la imagen original. Algunos de estas *fanfictions* se titulan: *Super Mario's reaction to Lemonparty, Homer Simpson reaction's to Tubgirl, My sister's/ Grandma's reaction to Goatse…* Estos clips cortos a menudo se graban cuando un espectador desprevenido es el primero en ver las imágenes descritas anteriormente. En el caso de Super Mario y otros personajes, sin embargo, estas son parodias hechas con el ensamblaje de escenas y clips preexistentes.

El Vía crucis del fetichismo

No tengo nada más que agregar (...) excepto que el hecho de que este tipo de literatura se haya llamado sadismo, ciertamente prueba que existe una diferencia fundamental: y el error es claramente inherente al uso abundante que el mismo Sade hace el término voluptuosidad, aplicándolo a cosas que no son voluptuosas, como besar la boca con dientes podridos o masticar un feto como una sardina fresca.

BORIS VIAN, *ESCRITOS PORNOGRÁFICOS*, 1948.

Si un viaje al fondo de la carne se dirige al corazón del universo del *pornhorror* o *horrorporn*, no significa necesariamente sumergirse en la *deep web* o en la *dark web*; hay numerosos sitios donde es posible, con paciencia y meticulosidad en la investigación, seleccionar categorías que se basen en la estética *dark-fetish* y ofrezcan una rica galería de videoclips curados, ya sean falsos, *realcore* o géneros sofisticados en los que también hay una trama inicial.

Con solo sumergirse en este oscuro reino de pulsiones mórbidas entre el erotismo y la muerte, en el que la puesta en escena del dolor físico es el ingrediente esencial a partir del cual comienza la navegación, uno puede encontrarse con tribus de nicho, cuyos miembros son invisibles y cuya identidad nos es negada a priori, al igual que la nuestra cuando navegamos. Por lo tanto, no sabemos dónde estamos y existe una cierta calma no exenta de excitación al abrir enlaces y ampliar imágenes muy pequeñas, preguntándonos qué sorpresa nos llegará. Temiendo y esperando cruzar algo nunca visto antes: "Muéstrame algo que no sé", "Muéstrame algo que aún no sé", pide Eric Paker, el protagonista de *Cosmopolis* (2012), a su guardaespaldas con quien acaba de tener sexo y quien, semi desnuda, le está apuntando un arma peligrosa a su pecho. *Sex and Violence*, cantaba en un mantra sin otras estrofas la banda de punk inglesa de los Exploited en 1981.

En la porncultura es difícil realmente sorprenderse, parece que todo está ahí para repetirse de la misma manera y, sin embargo, el mosaico de pequeñas vistas previas e imágenes fijas de videos es colorido y ya dice mucho para aquéllos que tienen experiencia y han navegado en lo que se espera en la apertura y la visión.

Estilos y prácticas rigurosas y buscadas en el *bondage*, BDSM, *torture style* y escenarios similares, están configurados para aquéllos que los frecuentan como refugio y exploración para una vida sexual más consciente incluso en la inconsciencia. Superar los propios límites, iluminando los oscuros barrancos capaces de romper tabúes y nodos existenciales por lo demás insolubles. Sangre rusca y esperma, lamentos primarios sofocantes y jadeos desde estas ventanas que de repente se asoman desde la barra lateral. Un horror. "Se aconseja la discreción del espectador, *Viewer discretion advised*, recita el título de un sitio cuyo logotipo es otra versión, pero en el estilo *death metal trash*, del ojo-vulva, completo con las venas oculares que Bataille describió en la escena de la *Histoire d'oeil* (2008) citada al principio. No son pocos entre los estudiosos, señores, señoras y esclavas que se preguntan si esto no es posible, sujeto a la premisa de condenar cualquier acto no consensual entre las partes, tener en cuenta la fascinación que emana del imaginario porno y el sadomasoquismo más sombríos "en lugar de buscarlo, simplemente ocultarlo, negarlo y legislar en contra" (Jones, 2007:136) para que permita la contemplación y el conocimiento de nuevas formas de placer sin experimentar la incomodidad que se experimentó la primera vez. Casi una forma de iniciación que, en pequeños pasos, indica la forma de proyectar cada vez un poco más allá del umbral del malestar, para explorar y tratar la *parte maudite* (Bataille, 2003).

Fue precisamente el malestar combinado con la desesperada desilusión en el gran artista austriaco Oskar Kokoschka, quien en 1918 encargó una muñeca llamada "fetiche" con la esperanza de disfrutar de un sustituto de la viuda de Gustav Mahler, Alma, su gran amor no correspondido. Con estas palabras conmovedoras, Kokoschka, en una carta de 1919 publicada más tarde en una colección de correspondencias con Hermine Moos titulada *Der Fetisch* (1925) y finalmente fusionada con la novela autobiográfica *Mirages du passé* (1982), describe el impacto antes de la entrega de la tan ansiada muñeca: "... en lugar de una loca ilusión, en lugar de una seductora criatura de ensueño de la que estuve obsesionado fervientemente hasta el día de hoy, lo que ahora me mira es un fantasma ... un esfuerzo doloroso, un títere articulado ... Ha sido un golpe terrible"(ibid.: 101-102). La muñeca fetiche está representada en una pintura inquietante titulada *Frau en Blau* de 1919. Y pensar que fue a partir de la lectura de estas confesiones, que Bellmer se inspiró para comenzar a construir sus conmovedoras *Puppen* pornogóticas, representantes sublimes de la pareja erotismo y muerte.[1]

En un nivel ligeramente diferente, se puede hablar del significado del fetiche encarnado en las escenas grotescas y, a veces, horroríficas de la película de Pedro Almodóvar, *La piel que habito* (2011). El protagonista, demiurgo *splatter*, resucita el amor perdido gracias a la inyección de piel de cerdo, la más parecida a la humana, ¡sic!, en el cuerpo de un niño

---

[1] En este sentido, citamos algunos pasajes tomados de la compleja reconstrucción del la historia de Oskar Kokoschka y de su muñeca en el artículo de Christiane Carlut para la revista Interlope, publicada en 1992: "A diferencia de Pigmalión, Kokoschka no hizo la muñeca con sus propias manos, pero confió el trabajo a la modista Hermine Moos: 'No me habría convenido fabricar la muñeca con mis propias manos, ya que, como sostienen los propios surrealistas, la relación entre el autor y la realidad en la que opera no se elude ni se ignora (...). Él la presenta como su compañera de vida y continúa: "A estas alturas ya estaba reflexionando en una presa de cierta intranquilidad ante la llegada de la muñeca para la que también había comprado lencería y ropa parisina, para finalmente poner en orden la historia con Alma Mahler y no volver a ser víctima de la caja de Pandora. Ya había infligido mucho sufrimiento (...). Y así, después de haberla dibujado copiosamente y pintado, decidí terminar con ella. En realidad ella me había curado completamente de mi pasión. Así que di una fiesta regada con champaña... Cuando llegó el amanecer, como todos los demás, estaba particularmente molesto, la decapité en el pequeño jardín y partí una botella de vino tinto en su cabeza ... fue esa noche que maté a Alma'"(Carlut, 1992).

tomado como rehén, invirtiendo no solo el sexo de la persona secuestrada sino también el proceso que a menudo se celebra en la literatura: no es la muñeca que cobra vida, sino el ser humano que se reifica para convertirse en muñeca-adorno para observar a distancia. Cancelados los órganos sexuales del color de la carne que cubre la nueva piel de la reencarnada, el monstruo recreado en el laboratorio, se alimenta de yoga e ilustraciones lascivas de Louise Bourgeois.

El sintagma *La piel que habito* parece describir perfectamente el fenómeno de los coleccionistas de muñecas de silicona previamente tratado, entre fetichismo-morbosidad y post-pornografía, porque explora las fronteras viscosas que separan más grados de realidad, la del dueño y la de la muñeca. Del mismo modo, el espectador que es *voyeur* y usuario (masculino y femenino) recibe un impulso hacia la reificación cuando se percibe como adicto e incapaz de dejar de soñar con un erotismo marcado por el factor fetichista y el SM. Tanto el coleccionista de muñecas como el usuario porno de la web 2.0, parecen caer en el dulce colapso solipsístico de la red. De hecho, el proceso fetichista tradicional en la escena electrónica y en las muñecas de silicona se vuelve reversible y dinámico: mientras que lo ensamblado y la imagen digital parecen emanar un aliento vital autónomo, quien lo posee se convierte en esclavo, un objeto invertido por placer (Kokoschka, 1982).

En las fases dramáticas del juego entre coleccionistas de muñecas de silicona y consumidores de material pornográfico, sucede que las opciones y gustos seleccionados por el software de las compañías *online* "se cocinan" en una obra de arte única y personal; a la recepción de la criatura neonata en su propio hogar, sucede la degradación progresiva del propio dueño que, una vez que aceptó la muñeca en su vida, debe "reiniciar" incluso su propia humanidad al servicio de la criatura y convertirse en su celoso curador. Finalmente, la transferencia de cualidades vitales y una especie de "inconsciente digital" (de Kerckhove, 2011), cuando la vida cotidiana de la muñeca se lleva a la web a través de videos y fotografías que ponen en escena actos indescriptibles, sin velos de ningún tipo, desde su vida erótica hasta sus viajes fuera de la ciudad y relaciones sociales, logrando realizar lo que un cuerpo humano no podría sin desgarrarse y morir: no pierden sangre ni otros humores. Se prestan con una mirada melancólica y perpetuamente seductora a cada acto obsceno.

El horizonte se mueve, por lo tanto, como en las prácticas sadomasoquistas, desde la muñeca hasta la emoción que serpentea a través del cuerpo del propietario mientras la maneja, quien es alternativamente su devoto y su maestro. La irradiación de la vida en la relación entre el ser humano y la muñeca aparece, dice Mishima, "en el reino donde la muerte y el erotismo están juntos" (2007: 114), allí donde la intimidad lúdica, pornoerotica y al mismo tiempo trágica (Susca, 2010), sanciona la contaminación triunfante entre lo humano y lo inorgánico. La belleza cadavérica de estas criaturas, de hecho, explota y toma forma en el inicio sin forma de la carne de quienes las adoran, dándoles huellas, fragmentos, olores y humores *vivos*.

Bataille cree que en este impulso tan intrincado e indisoluble entre el erotismo y la muerte, se encuentra el deseo obsesivo de buscar la continuidad con el ser amado (Bataille, 2009), una convulsión en la que se evita en lo posible la condenación humana a la fragmentación. En este sentido, las apariencias digitales, las relaciones sexuales con las criaturas del umbral, los avatares en la red de los cuales ni siquiera conocemos el sexo, los monstruos pornográficos de la web, serían el viático para la unión con "los otros (...) única posibilidad de continuidad"(ibid: 98). De hecho, en el acto sexual los otros, continúa el autor "no dejan de amenazar, de proponer una laceración a la apariencia sin costuras de la fragmentación individual" (ibidem). El punto es que esta sutura se debe hacer aceptando el trato con la muerte. Volviendo a la introducción del trabajo de Bataille sobre el erotismo, se puede argumentar que el porno es *la aprobación de la vida hasta la muerte*.[2] Al igual que en el nivel de las homologías profundas (Rossi-Landi, 1985), la metáfora se acepta sobre la base de la cual entendemos y acogemos todos los eventos exorbitantes y surrealistas del porno como leídos y experimentados a través del sentimiento de excitación en el *hic et nunc* de la visión de la escena, al punto de habitar por el momento de la visión, un lugar de indeterminación, donde el imaginario se convierte en realidad y lo siniestro integra en sí mismo fronteras que siempre se han considerado irreductiblemente separadas entre erotismo y abyección, entre excitación y violencia.

De hecho, el porno continúa su viaje dividido entre dos polos irreconciliables, el que lo eleva a la bandera de la libertad y la liberación sexual, el otro que lo señala como un puesto de avanzada peligroso y amenazante para el yo y para quienes no se saben defender de sus objetivos sin escrúpulos.

En este sentido, la pornósfera, en nuestra opinión, lugar emblemático de la emoción pública, al igual que la noosfera fue la dimensión

---

[2] "Del erotismo se puede decir que es la aprobación de la vida hasta la muerte" (Bataille, 2009: 13).

principal de la opinión pública (Habermas, 1995; Morin, 1991) parece ser disputada entre al menos tres impulsiones: un neoliberalismo desenfrenado vinculado a la "economía y subjetividad sexual, las posiciones post-porno- feministas[3] que la equiparan a una emancipación redescubierta también debido a los efectos de los *user generated contents* (UGC) y el mito interminable del porno como un lugar donde existe un abuso ilimitado e incontrolable de inocentes.

Imposible no pensar en las escenas de *Hostel* (Eli Roth, 2006), una obra maestra del porn-horror. ¿Qué es Hostel?, "Un lugar donde tus fantasías más enfermas son posibles, donde puedes experimentar todo lo que quieras, donde puedes torturar, castigar o matar. Pagando" (ibid., *trailer*).

Pero lo que recordamos con más curiosidad de la película es una declaración del director sobre la ola del gran éxito, impensable, obtenida y que ha decretado un culto: "Quería hacer una película porno, no un *film horror*. Lo entendí todo mal".

---

[3] La literatura es rica en el campo de los estudios de *genere* (*gender studies*), de los *porn studies*, de los *queer studies*, de los *male studies* y de algunas líneas de los *film studies*, ofrecen actualmente un panorama interpretativo tan extenso como complejo, resultando intrínsecamente entrelazados con la sociología de lo cotidiano, las antropologías de la contemporaneidad y de los estilos urbanos y los *visual studies*; los orígenes de estas áreas de investigación transdisciplinar con perspectiva de género deben ser vistas en la cultura feminista estadounidense y europea de los movimientos de los años sesenta y en la relación que construyeron con la pornografía tradicional. Pueden ser considerados seminales, para nombrar algunos, las siguientes autoras y autores que, partiendo o distinguiéndose del horizonte feminista, han inaugurado teorías, interpretativas genéricamente definitivas del post-porno-feministas: David Buchbinder (1998, 2004); Judith Butler (1996, 2004, 2006, 2013); Teresa De Lauretis (1996); Donna Haraway (1995); Ovidio (2002); Annie Sprinkle (1998); Nadine Strossen (1995); Tin (2010).

Claudia Attimonelli y Vincenzo Susca

La religión y la puesta en escena del porno: *Nunsploitation*

Cuando se trata de su sexo, las mujeres honestas tienen la debilidad de solidaridad con los deshonestos.

PIERRE-JOSEPH PROUDHON, *LA PORNOCRACIA O LAS MUJERES EN LOS TIEMPOS MODERNOS, 1875.*

Los años setenta del siglo pasado vieron un florecimiento cinematográfico de un subgénero conocido como *nunsploitation*, una palabra tomada de la unión de *nun* (monja) y *exploitation* (explotación), una categoría de obras fílmicas llamada "explotación", porque con un presupuesto reducido apuntan a un fácil éxito de taquilla mediante la explotación de líneas bien establecidas, en las que se filtran películas o obras literarias ya conocidas por el público en general, de las cuales se ofrecen versiones parciales e independientes en clave porno, o incluso *remakes* inexactos y de bajo perfil; a veces también pueden ser referencias aisladas a nichos de culto en los que prevalecen los toques mórbidos y un abuso a referencias relacionadas con estereotipos, estéticas y escenarios ahora acreditados ante el público relevante. Si el cine porno ya está dedicado a la recreación de textos visuales, títulos de obras o contenidos pertenecientes a la cuenca de la cultura popular (*popular culture*) y de la cultura de masas, la producción del porno de *exploitation* amplifica la estrategia situacionista según el principio de parodia. Para entender la declinación cómica de este género, es suficiente pensar en títulos como *Alicia en el país de las pornomaravillas* (Bud Towsend, 1976); *Las aventuras eróticas de Pinocho* (Corey Allen, 1971), que muestra como una frase en el exergo: "No era su nariz la que crecía ..." y también *La bella Antonia, prima monica e poi dimonia* (Mariano Laurenti, 1972); *Metti lo diavolo tuo ne lo mio inferno* (Bitto Albertini, 1972) con la pseudo-secuela *Leva lo diavolo tuo dal... convento* (Franz Antel, 1973).

La vena del porno de *exploitation*, en el género específico conocido como *nunsploitation*, opera hacia la pornificación a veces desenfadada como una comedia en ocasiones con salpicaduras de elementos que de otra manera se consideran típicos del género de horror, como las torturas sádicas que el Tribunal de la Santa Inquisición reservó para los herejes con una estética gótica para acompañar los ritos satánicos. Se puede argumentar que todo comenzó con el emblemático caso de *Heksen*, la película danesa de culto de 1922 sobre la caza de brujas, declarada por el director Benjamin Christensen como un documental que pretendía arrojar una luz sobre el trágico capítulo de la historia que provocó la quema de innumerables mujeres. Aunque, en realidad, según las crónicas de principios del siglo XX, fue una de las primeras películas de porno-horror sobre el tema de la brujería. La película de Christensen, censurada e incluso prohibida en algunos países, inauguró lo que pronto se convirtió en un eje paradigmático afortunado que ve la fe religiosa, la perversión sexual, el sadismo y la desnudez, reunidos en conspiraciones góticas y horrorosas, de las cuales el género *nunsploitation* amplía, más particularmente sombrío y de horror, para teñirse de tonos dramáticos, o históricos, o finalmente, de comedia sexy y *gore*.

El aplazamiento semiológico ilimitado de citas en este subgénero afortunado actúa mediante la recombinación de versiones religiosas y clichés en términos de porno, acción y policía inteligible, por ejemplo, en títulos como: *Rape* (Van Der Linden 1966), *Suor Omicidi* (Berruti 1978), *Le monache di Sant'Arcangelo* también conocida como *The Nun and the Devil e The Sisters of Satan* (Paolella 1973), *Flavia*, la monja musulmana también conocida como *Flavia, the Heretic (Mingozzi 1974)*, *Escola Penal de Meninas Violentadas* (Meliande 1977), *Dark Habits* (Almodóvar 1983), hasta experimentos más recientes como en la película de 2010 de Rodríguez titulada *Machete*; esta última es el resultado de las reflexiones tarantianas sobre el género Grindhouse relatado y hábilmente parodiado por Tarantino y el mismo Rodríguez en la película homónima del 2007.

Claudia Attimonelli y Vincenzo Susca

Gore, parodias y entornos

> *Hacemos el amor con la tierra. Somos hidrófilos, terrófilos, pirófilos y aerófilos. Sin vergüenza abrazamos árboles, masajeamos la tierra con nuestros pies y hablamos eróticamente con las plantas. Nadamos desnudos, somos devotos* del sol y adoramos las estrellas.[4] Acariciamos las rocas, disfrutamos de las cascadas y admiramos a menudo las curvas de la tierra. Hacemos el amor con la tierra a través de de nuestros sentidos. Celebramos nuestro punto E [n.d.t.: Ecosexy point]. Somos muy sucios.*
>
> Annie Sprinkle, Elizabeth M. Stephens, *Ecosexual Manifesto*, 2011.

El estilo *nunsploitation* se basa en algunos temas recurrentes: la presencia de monjas, novicias, vírgenes y abadesas sádicas, junto con la complicidad del clero, de la Inquisición y / o de los aparatos militares; estos guiones generalmente se ubican en la Edad Media, en el siglo XVII o retoman un pasado ahistórico que hace un guiño al oscurantismo, posiblemente involucrando casos de conversión de mujeres de fe musulmana, o "conversiones" de mujeres heterosexuales que se convierten en lesbianas en el convento y durante el recinto; el objetivo es principalmente la Iglesia católica, incluso si estas películas nacen dentro de la cinematografía japonesa que ha acogido exóticamente la estela de la *nunsploitation* europea, como en el caso del culto *School of the Holy Beast* di Norifumi Suzuki (1974).

No es poco frecuente que la corriente implique una vena feminista, ya que a los rebeldes se les confían roles subversivos que encuentran en la sexualidad y la violencia canales de expresión anticonformista y contestación con respecto a la subordinación a la autoridad masculina y las jerarquías sociales. Las protagonistas a veces se encuentran en situaciones sin salida cuando, por ejemplo, encerradas en conventos medievales,

---

[4] El más conocido, por la propia Annie Sprinkle, es el mencionado *Post-Porn Manifesto* que se remonta a mediados de los noventa y publicado de forma independiente en 1998. Hemos preferido mencionar su *Ecosexual Manifiesto* (2011) porque está en sintonía con la reciente noción de ecosofía (Drengson, Inoue 1995; Maffesoli, 2012) y porque esta destaca una cierta atención a la superación de los paradigmas interpretativos marcados por el antropocentrismo.

82

tienen que enfrentarse a madres superiores libidinosas, satisfacer a creyentes voluptuosos o perdonar pecados ignominiosos. La iconografía de la tortura combinada con el género porno permite realizar una serie de prácticas sadomasoquistas que, de otro modo, serían imposibles de mostrar en una película, una tras otra; recordemos, por ejemplo, la masturbación con el crucifijo como el *leit motiv* del género *nunsploitation* y las venas *dark* y satánica relacionadas con la posesión demoníaca con episodios anexos de exorcismo que concurren con connotaciones de colores oscuros escenarios que ya en sí son aterradores, como el que se describe en *Alucarda di Moctezuma* de 1978, que incluso logra convocar al vampirismo.

De estos imaginarios surge un erotismo *dark*, Nigel Wingrove ofrece un clímax ascendente en la película *Sacred Flesh* (1999) que concluye, de hecho, con la crucifixión-*bondage* de una monja torturada durante mucho tiempo. Nigel Wingrove es el fundador en 1992 de la distribuidora *Redemption Films* y del *Salvation Group* al que se han unido directores como Dario Argento, Jean Rollin, Jess Franco, Mario Bava, Lucio Fulci y Peter Walker, todos los autores a los que *Redemption Films* ha contribuido drásticamente para difundir contra cualquier previsión de mercado; con su cortometraje erótico *Visions of Ecstasy* (1989) realizado por Steven Severin con los *Siouxsie and the Banshees*, Wingrove ganó la censura por cargos de blasfemia. Interesante su posición en relación con el género *nunsploitation*, del cual el director se declara profundo admirador y popularizador. En una entrevista sostiene que el hilo conductor de la explotación del imaginario religioso y de las monjas en particular, "permite aprovechar todos los elementos que inducen en el espectador el miedo, el escándalo y la profunda incomodidad, ya que este género asocia todas las imaginaciones sagradas o los precursores de tabúes, de lo religioso a lo demoníaco, de la violencia a la pornografía, de la tortura a las perversiones sexuales" (1989). En general, estas películas parten de hechos reales, como la tortura, la quema de mujeres consideradas heréticas, que puedan ser teñidas con connotaciones realistas, como sucedió con el falso documental Heksen de 1922, o inaugurar nuevas estéticas que encuentren su lugar en categorías como el *new age softcore*, como la obra de Guzman del 2010 titulada *Nude Nuns with big Guns*, anti-católica y grotesca hasta el punto de la náusea.

Este imaginario, desarrollado a partir de la gran reserva para producciones eróticas que involucran al clero, como la *convent pornography*, experimentó una época de gran floración durante los años sesenta y setenta; las tramas insistieron en temas recurrentes como: lesbianismo, mortificación de la carne debido a la reclusión y / o tortura, rituales masoquistas en clave BDSM, actualizados desde la época del libertinismo francés, cuando este género nació en forma literaria, hasta las actuales reconfiguraciones del complejo universo sadomasoquista. Dentro de la iconografía de la monja permanece hoy como un simulacro vestural capaz de reavivar los resultados perversos de un fervor religioso que ha reprimido durante mucho tiempo el deseo y la satisfacción sensual, haciendo que explote en una teoría de prácticas penitentes y mórbidas. Los escritos del Marqués de Sade y los muchos *remakes* porno de la historia de Justine se encuentran entre las principales referencias cultas en las que se basan estos subgéneros. A este respecto mencionamos a *Justine, las desventuras de la virtud* con Romina Power y Klaus Kinski por Jesus Franco de 1968.

Fatwa contra el porno

La idea más impactante y simple, nunca antes expresada con tanta fuerza, que la culminación de la felicidad humana consiste en la sumisión. Es un concepto que dudaría en exponer frente a mis correligionarios, podrían considerarlo blasfemo, pero para mí existe una relación entre la sumisión del hombre como lo describe la Historia d'O y la sumisión del hombre a Dios como en el Islam.

MICHEL HOUELLEBECQ, *SOTTOMISSIONE*, 2015.

Según un enfoque semiológico del cine, el género de *exploitation* es ontológicamente el resultado de contenido preexistente (Metz, 1968; De Ruggieri, 2008). Sin embargo, si pensamos que el cine porno es expresamente y ya en sí mismo una acumulación de estrategias de "explotación", es evidente que nos enfrentamos a una noción no tan mala: la "explotación" cinematográfica es aquí una especie de género específico que produce resultados capaces de restaurar el espíritu de la época en que se han producido estos textos audiovisuales, ya que es precisamente a partir de la tendencia "explotada" que podemos encontrar los deseos y fermentos del cuerpo de la sociedad en torno a fantasías reprimidas. En este sentido, el comentario de un usuario en un portal que contiene películas porno religiosas es emblemático: lamenta que en la década del 2000 el género de *nunsploitation* haya agotado el potencial subversivo y provocativo en su confronta con la Iglesia Católica, hasta el punto de que la producción ha terminado.

En analogía, aunque por el contrario, el trágico caso del asesinato del director holandés Theo Van Gogh, asesinado con ocho disparos en el centro de Ámsterdam en 2004 por un exponente de un grupo islámico extremista Mohammed Bouyeri, quien fue perseguido de tal modo por una *fatwa* (la opinión consultiva de un juez musulmán experto en derecho coránico) debido a los contenidos de su cortometraje *Submission* (2004) con un tema religioso y violencia sexual perpetrada contra mujeres musulmanas. Si el tema de las monjas cristiano-católicas ya no es tan molesto como en los años sesenta y setenta para alimentar películas de *exploitation*, la sexualidad que invierte las imágenes islámicas en la década del 2000 parece constituir para algunas comunidades una nueva frontera de *exploitation* de la pornocultura. Los sitios web 2.0 que incluyen la categoría "Islam", por ejemplo, aprovechan el factor "cultual" (Benjamin, 2000) de tales videos, como lo conocen los consumidores y las consumidoras más exigentes al descubrir la rareza, que en la fe musulmana condena amargamente en los sitios de pornografía, la producción y la consecuente carga de videos por parte de los usuarios y las usuarias; los más buscados no son los muchos videos porno musulmanes falsos, donde basta con que la mujer lleve un velo para evocar un imaginario, sino los de personajes expresamente aficionados y *realcore*, en los que las imágenes aparecen borrosas, oscuras y afortunadas, donde las *locations* exudan el aura de los territorios árabes más miserables y polvorientos y los protagonistas claramente visten indumentarias islámicas. Incluso los videos de "islam gay" muestran los rasgos homoeróticos distintivos para aprovechar los aspectos más reprimidos de la religión, incluida la dura condena del ejercicio de la orientación sexual masculina y femenina: muslimsextubefuck.com recopila muchos de ellos.

Se puede echar un vistazo a beurettetour.fr. si queremos captar completamente el sentido de una narrativa capaz de incluir signos religiosos, la sexualidad femenina violada y la explotación de tabúes a través de prácticas eróticas que tienen como objetivo golpear los vetos de fe expresos en los títulos de los videos.

Allí, la estética va desde lo más kitsch donde los hombres con uniformes militares asaltan a las mujeres con el *chador*, a la filmación de *gangbang* organizando un *fake snuff*, o hasta las fotografías en las que es suficiente que una joven con la cabeza velada muestre la lengua y el dedo medio en primer plano o beba esperma y alcohol al mismo tiempo.

El porno fuera de porno: el festival

Hoy en día la industria del sexo se ha vuelto mucho más compleja que antes, hay un nuevo mundo del sexo que debemos aprender y enseñar.

Rocco Siffredi, *Rocco Siffredi Hard Academy*, 2015.

Uno de los enfoques para tratar la pornografía en el cine es su estructura dedicada a la cita. De hecho, rara vez inventa tramas *ex nihilo*, que, por el contrario, sirven para dirigir, a pasos agigantados, los intercambios de diálogos simples e incongruentes, la trama hacia la tan esperada escena sexual. Distintas de esta tendencia preeminente son los hilos de "explotación" que se ejecutan a través de formas más experimentales, llevadas a cabo por directores que buscan pornografía fuera de los clichés. Un ejemplo es el cine independiente del canadiense Bruce LaBruce, quien en *Gerontophilia* (2013) exploró un universo inédito de la pornografía que, como se puede ver en el título, enfatiza la noción científica de la atracción sexual hacia las personas mayores. En lugar de usar las categorías típicas de porno *on line: elderly, old slut, granma*, etc .; también el alemán Jurgen Brüning, además de su producción de película porno gay en el estreno de *Cazzo Film* y *Wurst Film*, fue el fundador del Primer Festival de Cine Porno de Berlín, que en 2015 celebró su edición X. El Pornfilmfestival Berlín creado por Brüning aspira a una investigación innovadora en el campo de la cinematografía. El festival cuenta, entre otras cosas, con la concepción por primera vez de una leyenda explicada en el programa que aclara la distinción por categorías de películas porno. Necesidad aparentemente obvia para los usuarios habituales de la red, pero, de hecho, ignorada en los circuitos cinematográficos, surge de la necesidad de ofrecer al público la oportunidad de elegir si ser un espectador de una pornografía de época en los años setenta en lugar de un Porno Horror, un

Porno Feminista, un Porno Gay Bear cómico o BDSM, o incluso videos con concesiones artísticas, etc.

Cada vez hay más actividades de investigación y eventos académicos, científicos y de entretenimiento, como festivales, convenciones y *awards* en torno a la pornocultura, respecto a la existencia de una cuenca floreciente para investigar; en muchos aspectos, la pornografía es un territorio de cuerpo y placer aún por explorar y un presagio de una fértil imaginación corporativa que espera ser revelada por miradas más allá del sector tradicional de la industria de la pornografía. Por un lado, la pornificación del cotidiano y, al mismo tiempo, la autorización de la censura dirigida al discurso sobre pornografía, han liberado las dinámicas que insisten en el umbral entre la esfera pública y la privada, como los innumerables sitios pornográficos con contenido ingresado por usuarios simples: UGC. Este fenómeno invita a aquellos que están en la posición de poder reconfigurar conceptos en crisis como placer, ofensa, emoción y disgusto, cambiar la frontera de la modestia a través de la integración de dimensiones siempre nuevas de lo obsceno en términos de estética y moralidad compartida.

Los años 2000, por lo tanto, han extendido la conquista de los territorios del porno a áreas cada vez más vastas de nuestra iconología, cambiando el umbral de lo que se consideraba ilícito y ofensivo hasta el punto de que, desde muchas partes en las que se marcaba un cierto feminismo antiguo contra el abuso del cuerpo de la mujer en la industria del cine se ve como un campo de batalla pálido, ya que la pornocultura más retráctil es la penetración capilar en cada receso de la vida cotidiana, desde la publicidad hasta el diseño, desde los *talk shows* hasta los accesorios de ropa, y porque el cuerpo actúa de múltiples maneras. Sociedad que hace porno y que *es* porno en sí misma.

A continuación, proliferan los *blogs*, los perfiles de *community online*, *chat* y sitios de encuentro e intercambio de información para *speed online*, líneas de ropa interior y accesorios BDSM que están directamente relacionados con *party*, *club*, fiestas privadas y gráficos que hacen un guiño a un deseo cada vez más riguroso y selectivo. Por otro lado, también hay numerosos proyectos pornofeministas que dan testimonio de un fermento atento más para elegir cómo valorar los efectos de la pornocultura que para buscar justificaciones para legitimarla. Si nos fijamos en las categorías de los premios *Feminist Porn Awards 2015* de Toronto, es fácil comprender la actitud tranquilizadora y al mismo tiempo de divulgación de la que es titular la organización y que está bien declarada desde la presentación oficial del sitio; en la sección de preguntas frecuentes, se intenta dar voz y canales de visibilidad a cuántos y cuántas, creyendo en el poder de la fantasía erótica, intentando compartirla con productos cinematográficos que buscan diversificar la producción más burda de este sector. Entre las categorías en la competencia, se enumeran, en orden alfabético: *Anal, Big Budget, Bondage & Kink, Educational, For Couples, Independent, Queer, Romantic, Storyline, Straight, Group Sex, Trans.*

Tecnopornología: *porn you*

En la era eléctrica llevamos a toda la humanidad en nuestra piel.

MARSHALL HERBERT MCLUHAN, *UNDERSTANDING MEDIA*, 1962.

El recorrido por los lugares del porno, la asistencia diaria de los umbrales del placer, la entrada, a veces a pesar de nosotros mismos, en la malla casi contaminada de la red pornoerótica que ha hecho evidente una transparencia estética, *inventata*, se puede decir, de las prácticas relacionadas con la digitalización. En un siglo de reproducciones técnicas, luego tecnológicas, lenguajes como la publicidad, la fotografía, los cómics, las revistas, las películas proyectadas en cines de luz roja y luego distribuidas en hogares con VHS, videos musicales alusivos, accesorios de vestir y más y más lencería orientadas al ímpetu de la seducción, han tenido éxito en la intención de eludir, disminuir y luego transfigurar la censura y las convicciones por contenido inapropiado, haciendo que la imagen sea familiar y comprometa ciertas imágenes *hard*. Finalmente, con el advenimiento de la red de contenido compartida y generada por el usuario (UGC), se llenó el último vacío, el que durante mucho tiempo había limitado el consumo del porno al género masculino. Desde la pátina opaca y granulada de las antiguas fotografías eróticas donde el blanco y el negro aumentaban el misterio de lo prohibido, hasta las bandas negras que cubren los ojos, la boca y los órganos genitales de los carteles de películas y revistas porno, hasta la tecnología contemporánea de los píxeles que hacen ilegible parte de la imagen, la censura a lo largo del tiempo se ha renovado para ampliar y amplificar el deseo, ofreciendo amplios márgenes de visibilidad y cubriendo segmentos y fragmentos cada vez más reducidos. En la pornocultura, la carne censurada disminuye en comparación con la que se expone y se ofrece en *inglorious sacrifice*. La mayoría del erotismo ha pasado de las *sex shop*, del cine y las publicaciones sólo para hombres, a las habitaciones de los adolescentes y a las pantallas de las computadoras personales de personas de todo tipo y edades conectadas por una identidad renovada con la *world wide web* para luego, al final, salir a la calle.

Las calles y los vecindarios se geolocalizan en función de los gustos y los deseos repentinos para satisfacer: Grindr, Tinder, GayRomeo, así es como la ciudad revela la carne pulsante e hinchada por los anhelos que esperan ser satisfechos, por lo que las redes sociales y las aplicaciones para la telefonía móvil anuncian la cartografía sexual y deconstruyen las áreas urbanas tradicionales de acuerdo con una aglutinación erótica sin precedentes. La tecnopornología ha sido inmediatamente visionaria y pionera en la rotación de las urgencias corporativas y la innovación en la comunicación, "al recibir constantemente tecnologías nos ponemos en contra de ellas como muchos servomecanismos. Por eso necesitamos usarlas para servir a estos objetos", escribió Marshall McLuhan en el capítulo titulado *The Gadget Lover. Narcissus as Narcosis* (2008: 62).

El mediólogo continúa imaginando que las personas son modificadas fisiológicamente de forma perpetua por el uso normal de la tecnología "o de su cuerpo extendido" (ib.). De hecho, en esta condición traductora de la comunicación con la máquina, es el cuerpo el que se convierte en "el órgano sexual del mundo de la máquina (...). El mundo de la máquina corresponde al amor del hombre al cumplir su voluntad y sus deseos" (ibid.). El sonido que anuncia la respuesta de un usuario en GayRomeo es el gruñido de un cerdo o el rebuznar de un burro, y la sala está llena de breves versiones de bestias electrónicas mientras se busca el contacto más cercano para hacer una cita, y de las características que responden al mayor número posible a lo que se encontrarás en vivo. XXL. Y los miembros se entumecen en la investigación tecnopornológica, las horas se entremezclan con el murmullo metálico de las bocinas de la computadora portátil, toda una tarde envueltos en la malla de la red con el fondo azul de la conversación erótica abierta. "El principio de adormecimiento entra en juego en la tecnología eléctrica como en cualquier otra. Tenemos que adormecer nuestro sistema nervioso central cada vez que se extiende y se descubre; de lo contrario moriríamos" (ibid.: 62, 63).

La hibridación con los medios de comunicación y la interacción entre *smartphones*, aplicaciones, videos e imágenes, han erotizado el cotidiano hasta el punto de revertir la dinámica de las grietas intersticiales de donde obtener placeres instantáneos: para ser destellos abiertamente malévolos en la carne, estas zonas erógenas de la web se han convertido en grandes agujeros como portales de acceso a descubrimientos libres y desconocidos que se experimentarán a plena luz del día. Por lo tanto, la navegación en el éter ha continuado lo que la luz eléctrica ya había activado cuando "se puso fin al régimen de la noche y el día, los interiores y los exteriores (...). Es pura información, sin contenido lo que limita su poder para informar y transformar" (ibid.: 63).

Si volvemos al uso y las prácticas de las primeras salas de chat en los años noventa (piénsese en ICQ nacido en 1996), es evidente que el medio en sí ofrecía un servicio que anteriormente no existía: poner a perfectos extraños en contacto entre sí para conversar. Bien, este servicio reveló de inmediato un potencial erótico explosivo y se tradujo en un sistema que pronto se diversificó por género y gustos sexuales. Estaba claro desde el principio, aunque de manera tácita, que eran sobre todo los chats de citas homosexuales lo que aceleraba tal avance tecnológico. Con las salas de chat, se había creado un espacio híbrido de la nada en el éter, donde las entidades protegidas por el anonimato de los apodos y las identidades virtuales podían dialogar sin restricciones sociales o cuerpos de carne y huesos para estorbar. Era el medio en sí mismo y no el contenido que proponía despertar un interés erótico: vanguardísticamente si el medio es el mensaje, el contenido es su audiencia, como McLuhan concluyó la segunda parte del lema recordado por todos nosotros (2003).

Si se desea tener una idea del flujo de lugares *hot*, se puede consultar *My Porn Bible*, mypornbible.com, donde hay una lista completa de sitios *hard* dividida por categorías de interés y objetivo. Sin embargo, las revistas como *Vice* en las ediciones de los diferentes países ofrecen una selección exhaustiva de novedades relacionadas con la pornósfera, gracias a los artículos y entrevistas que investigan las fronteras más radicales, las nuevas tendencias y los estados de ánimo de las consumidoras y los consumidores de los materiales pornoeróticos *on* y *offline*.

Esta diseminación similar a una mancha de leopardo entre los años noventa y los años 2000 se ha aglutinado y expandido a través de tejidos y nodos en un territorio digital ahora inconmensurable que actualmente constituye el paisaje natural de la red. De hecho, ya no es necesario entender cómo buscar porno en la web, sino más bien cómo desenredarse del porno y moverse entre un cuerpo deseante y palpitante de la red para buscar contenido no sexual.

No es una coincidencia que, de acuerdo con las preferencias del sistema, encontremos las opciones para los controles de censura dirigidos a los menores para que la navegación esté menos expuesta a la casualidad para proponer temas explícitos en asuntos sexuales. La carrera de obstáculos para obtener material pornográfico como lo fue antes, se ha invertido en su opuesto: en la web se hace difícil, de hecho, no encontrarse con material pornoerótico, ya sean publicidades de *hot lines*, íntimas, ofertas sexuales, *gifs, banners...*

Dado que el pornoscape es la banda sonora del *surface web* (web superficial), si no es su ambiente de fondo, es inevitable evadir encuentros *hot, hard* y *sexy.*

En la *deep web,* sin embargo, el porno genérico, como el Youporn y similares, no es más que una llamada y una invitación para curiosos, tal vez maníacos, insatisfechos por la gran oferta de la *surface web*; los contenidos realmente escabiosos de la *deep web*, de hecho, ciertamente no son eróticos, sino que llevan material pedófilo *soft* (*Pedoplanet, Hard candy, Lolita city)*, son violentos, necrofílicos y bestiales (Vore, Beastie), hasta los que se encuentran en sus áreas más impenetrables y, de hecho, profundas y oscuras.[5] Es aquí donde circulan videos *snuff* con niños, el género escatológico infantil, el castigo corporal a menores (VOR-COM, *child discipline*) y el tráfico de armas y drogas junto con el *bitcoin* y la información peligrosa protegida; drogas, asesinos a sueldo, armas de destrucción masiva, fraude de documentos y tarjetas de crédito constituirían, de hecho, sus principales áreas.

Es en torno a esta línea no tan sutil, que se hace necesario discutir en el contexto de las fronteras pornoculturales. De hecho, con demasiada frecuencia, es necesario distinguir esa parte de la pornósfera derivada de la pornografía tradicional, que contiene en sí misma una visión alegre y hasta aburrida del goce, del campo sombrío y violento de las desviaciones que no tienen nada que ver con el porno, pero que, a partir del cuerpo y su violación tienen como objetivo satisfacer un mercado de imágenes y materiales audiovisuales que son penalmente perseguidos y condenables. Muchas de las imágenes que circulan en los lugares más inaccesibles de la *deep web* presentan profundas homologías con fotografías en blanco y

---

[5] La *dark web* parecería ser un área más oscura e incluso menos protegida que la *deep web*, en realidad para muchos, este territorio no existiría en absoluto, si no como una mitografía en las leyendas digitales. La expresión, para otros, preferiría indicar la necesidad de ir a través de redes anónimas, acceder a navegadores especiales, como TOR, para cifrar su paso para no ser rastreados, convirtiéndose así en parte de una red más "oscura" (Para más información ver, entre otros, Singh, 2014).

negro, con contornos opacos y poco claros, que médicos nazis y criminales intercambiaron en secreto para mostrar torturas y experimentos con las víctimas. Esta parte de la red, a diferencia de la *surface web* y sus zonas pornófilas, no tiene interés en salir a la superficie, por el contrario, se utiliza entre aquellos que pueden planear estrategias ocultas para evitar penalizaciones. El sistema de anonimización de la cuenta y la autorización para navegar permite intercambiar datos y archivos sin poder volver a la fuente: cuanto más turbios y punibles los contenidos en términos criminales, más *dark* se vuelve la web.

Si de alguna manera se asume que *finalmente* se ha ganado cierta facilidad para hacer malabarismos con las propuestas pornoculturales más nuevas y radicales, por otra parte, existe un poder corporativo tan dedicado a la pornificación de la vida cotidiana, que parece gobernado por una razón pornofetichista que abruma, que es excedente y que está en continua emergencia. En el nuevo milenio, se ha propagado la costumbre según la cual, hablar sobre sexo no solo es posible sino en algunos círculos indispensables. Programas de televisión como *Loveline* (MTV 2001-2010), descarados pero nunca vulgares, han identificado lo que se puede decir y lo que no se puede decir al respecto, incluso el lenguaje del videoclip que comenzó en los años ochenta con una fuerte carga erótica, despejando y familiarizando un cuerpo televisivo cada vez más erotizado.[6]

Es en esta protuberancia que hoy se desarrolla el discurso del porno, desafiando la noción de intimidad. El intercambio de sus propias imágenes en plataformas de mensajería instantánea mueve la línea que delimita

---

[6] Una breve lista de videoclips que ayudaron a difundir de forma pionera el imaginario *fetish, soft y hard core* hasta el porno, solo puede comenzar desde: *Duran Duran, Girls on film* (1981), que consagra el trinomio de la moda, el erotismo y el videoclip musical; *Soft Cell, Sex Dwarf* (1981); *Queen, Body Language* (1982) ambientada en una sauna y con un verso casi mcluhaniano: "*I got a kiss by the language*"; *Frankie Goes to Holliwood, Relax* (1983); *George Michael, I want your sex* (1987). Los años noventa se inauguraron con Madonna, *Justify my Love* (1990), más tarde *Erotica* (1992), mientras que se puede argumentar que se clausuraron con el videoclip de los *Prodigy, Smack my bitch up* (1997), que pone en escena la ambigüedad del género y subvierte los estereotipos gracias a la técnica de la toma que no se dirigía al sexo de la protagonista, sugiriendo casi hasta el final que se trata de un hombre. Los ejemplos del nuevo milenio son menos interesantes para efectos del horizonte mediológico tratado en el presente estudio, por lo que el nacimiento del lenguaje del videoclip musical con MTV fue paralelo a la posibilidad de que grupos y músicos individuales expresaran una corporeidad excéntrica, erótica y hedonista. Consideramos a este respecto solo el trabajo audiovisual de Chris Cunningham y Aphex Twin, *Flex* (2000), porque inaugura una línea del porno de autor, presentado en la Real Academia de Londres en 2000 y en la Bienal de Venecia en 2001. Consúltese Attimonelli (2008) sobre la relación entre el porno y la música electrónica en los años 2000.

la instantánea privada, íntima y erótica de ese porno potencial y destinado a hacerse público.

El porno se ha expandido (Biasin, Maina, Zecca 2011) mucho más allá de los sitios dedicados a él. Las salas de la web y otros meandros viscosos digitales adquieren la apariencia de agujeros (Ciuffoli, 2015) huecos electrónicos, tan llenos de datos e información, que la viscosidad de sus paredes aspira por completo a quienes tocan los bordes, aunque solo sea con sus ojos. Uno se pregunta si, después de esta embriaguez tecnopornológica, queda algo por descubrir.

Probablemente hay algo de carne que sobra.

Es en la convulsión de la piel caliente que se refleja en la cámara web que la ha retratado y capturado, que trémula, goza. Son imágenes que avanzan, sobra de la carne alterada hasta la descomposición que solicita la eliminación rápida de los *files*.

Innumerables son los *files* descargados con escenas irresistibles que luego son eliminados. Excedentes grotescos, crecimientos transorgánicos, recuerdo del momento disfrutado al máximo, irrecuperable porque, en el porno, y más y más en el porno en la época de la red, el principal motor de búsqueda de contenido sexual explícito reside en lo repentino y urgente y no hay que posponer la necesidad de mirar el sexo y sentir el impulsivo "deseo de hacerlo" (Vian, 2007: 26).

En el primer episodio de la excelente serie inglesa *Black Mirror* dedicada a la paranoia derivada de la relación con las tecnologías (ver más abajo: 34), el periodista de la UKN intercambia información confidencial con un político cercano al Primer Ministro, enviándole fotos eróticas capturadas en unos cuantos segundos en la redacción. Lo hace dos veces. Y estas imágenes llegan a su destino en medio de la crisis este debido a la amenaza sexual (por lo que lee en el mensaje publicado en la web, debe tener relaciones sexuales en red con un cerdo para salvar a la princesa secuestrada), permanece allí, flotando en el *smartphone* del informador. Quién sabe por cuánto tiempo antes de ser cancelado, reemplazado, superado.

Si el estatus de la imagen en tiempos de la red, como hemos visto, está inclinado a medirse con una cantidad de material incontenible en archivos digitales personales o incluso organizados como los álbumes antiguos de fotos, hechos para ser hojeados y vistos de vez en cuando, también es cierto que no todas las imágenes, y en particular aquéllas con un fondo sexual y explícito, deben conservarse; tanto porque pueden recuperarse fácilmente a través de la investigación simple y también porque el hábito de intercambiar fotos y videos eróticos con sus contactos es una práctica cada vez más frecuente, pero cada vez menos segura.

No son pocos los tipos de *revenge* (venganza), una especie de pornografía involuntaria en la que la víctima es objeto de humillación debido a la publicación en la red de sus propias imágenes *hard*, acompañadas de datos personales que el acosador posee. La hipervisibilidad del yo gracias a la selfie y a los lugares donde se celebra ha cambiado profundamente la relación con la imagen fotográfica-fetiche. En esta dirección se mueve Snapchat, un servicio para teléfonos inteligentes y tabletas que permite la visualización de mensajes, fotografías y videos por unos momentos antes de que sean eliminados. Definido en muchas revisiones (Gross, 2013; Parlangeli, 2015) como instrumento sexual, Snapcha*t* tiene como ícono un fantasma blanco sobre un fondo amarillo, epítome de nuestros fantasmas eróticos. Visiones fugaces y apariciones improvisadas de cuerpos deseantes de la nada, que nos pertenecen por el tiempo en que los poseemos con nuestros ojos, exigiendo ser vistos en soledad antes de que vuelvan a la secuencia numérica desde la cual se generaron.

Una pregunta en el blog de Snapchat que data de noviembre de 2015, apareció maiuticamente: si no fuera con propósitos maliciosos, ¿para qué enviar imágenes y videos que se desvanecen rápidamente? Bueno, el equipo de Snapchat respondió compartiendo una visión interesante:

> Creemos en el *sharing* de momentos auténticos con amigos (...), no se trata de fiestas divertidas, cenas de sushi u ocasos maravillosos. A veces es una broma que entienden unos pocos, una expresión estúpida o un saludo de un pequeño pez. Lo efímero tiene valor (Team Snapchat, 2015).

Heterología menstrual: el ciclo digital de una fotografía

En marzo de 2015, Rupi Kaur, estudiante de cuarto año en la Universidad de Waterloo, Canadá, presentó como proyecto final del curso de Visual Rhetoric una serie de fotografías tituladas *Period*, con una clara referencia al ciclo menstrual. Rupi Kaur también es una artista en el campo de la poesía visual. Su mirada es, por lo tanto, un presagio de un enfoque creativo dedicado a la investigación teórica y no separado de la inspiración artística que adquiere la obra desde un propósito puramente didáctico para entregarlo a las interpretaciones de quien la observará más allá de las intenciones originales.   Kaur decide publicar las imágenes también en su sitio (rupikaur.com), y luego en su página de Instagram. Después de 24 horas, se eliminan de la plataforma, ella las vuelve a publicar, luego sufren la misma suerte con una nota para especificar que no se ajustan a las pautas de la comunidad de Instagram, en particular donde se establece la prohibición de imágenes con contenido "violento, con desnudez total o parcial, discriminatorias, ilegales, ilícitas, con mensajes de odio, pornográficas o con alusiones sexuales explícitas" (Instagram, 2013).

En ese momento, la artista escribe una breve respuesta a Instagram en Facebook, donde mientras tanto la foto y el asunto se han dividido más de diez mil veces, acusando al primero de censurar una imagen relacionada con un fenómeno natural del cuerpo de la mujer. Sin duda, inofensivo en comparación con las imágenes de "bondage, tortura, humillación y abuso" (Kaur, marzo de 2015) que, junto con la pornificación y la sexualización de muchos otros contenidos más o menos triviales, son comúnmente aceptados en las redes sociales. Instagram reacciona con una disculpa y retira la censura, afirmando que hubo un error al aceptar informes sobre esa imagen sin verificarla con la debida atención.

Pero mientras tanto, la furia de los adversarios y simpatizantes estaba en internet y en muchos periódicos.

Por ejemplo, el *Washington Post on line*, casi cándidamente, tituló un artículo sobre el incidente: "¿Por qué Instagram ha censurado esta foto de una mujer completamente vestida en el ciclo?" (Dewey, marzo de 2015). Se sabe que la menstruación es un tabú del cuerpo femenino; sin ir demasiado atrás en el tiempo, es suficiente pensar en anuncios de toallas sanitarias internas y externas, que siempre y sobre todo se centran en la invisibilidad y la protección contra la vergüenza como requisitos esenciales de producto.

Sin embargo, más allá de las supersticiones, interdicciones y prejuicios relacionados con este tema desde la antigüedad (ver, por ejemplo, Pancino, 2000), con el propósito de reconfigurar el estatus de la imagen en la época su reproducibilidad digital, es interesante entender bajo qué régimen de censura se encuentra la fotografía de Rupi Kaur; si es una imagen que puede ser condenada por aquéllos que la miran por razones subjetivas (disgusto, rechazo, vulgaridad, inadecuación) y no por su contenido pornográfico o violento, debemos asumir que estas razones están estrictamente relacionadas con el medio que primero le aloja y luego se transmite, tal contenido lo hace visible para cualquiera. En este caso, la artista habría confundido el lugar donde publicar la imagen, que en Instagram ha llegado, de hecho, inesperada y no deseada.

En este punto, entre las preguntas que presionan y que podrían inaugurar una reflexión sobre la corporeidad en la era digital, hay una sobre qué tipo de cuerpo se considera publicable en una plataforma como Instagram. Más aún, de qué manera y cuánto sexo se insinúa en el imaginario cotidiano, hasta el punto de atribuir características pornográficas a la imagen de Kaur, y por lo tanto a señalarla como ilícita,[7] mientras que en otras partes están socialmente integradas y, por algún tiempo, otros tipos de imágenes cuya vocación pornoerótica es explícita y no deja lugar a dudas, desde la publicidad hasta los programas de televisión y la pornósfera *online*.

En este sentido, no es superfluo observar que una de las claves de Instagram es principalmente la estética dedicada a la morbosidad; gran parte del éxito de esta red social se deriva de la *gaysificación* iconográfica de los sujetos, resultado que se alimenta a sí mismo a través del sistema de los *followers* que premia la sensualidad y la erotización como características distintivas de las imágenes publicadas. Vello excesivo, axilas peludas, desnudez, pies, pliegues de la piel en partes del cuerpo irreconocibles debido a su exorbitante zoom, alusiones explícitas, abultamientos y protuberancias, posturas pornoeróticas masculinas y femeninas, junto con gatitos y platos elaborados, han contribuido a hacer de Instagram una red social con un alto contenido erótico. Las imágenes *amateur* en estilo *fetish, gayporn, bear, BDSM* son, de hecho, las protagonistas de una plataforma que se propone como un contenedor ingenuo. Pero, ¿quién establece qué tan lejos se puede llevar el potencial sexual de una fotografía y cómo se ha integrado en la comunidad el límite tácito dentro del cual una imagen, de algún modo atrevida, se legitima y auto determina en una red social no orientada al porno?

Regresamos a nuestra imagen censurada y partimos desde lejos para llegar al presente: en la *Encyclopédie* iluminista de Diderot-D'Alembert, en las entradas para *menstrues, menstrui*, escrita en 1765, leemos "las menstruaciones son las evacuaciones que llegan a las mujeres todos los meses.

---

[7] Parte de las reflexiones que siguen son el resultado de una animada discusión en Facebook a partir de una publicación en la que la suscrita informó este caso, en particular resuenan aquí, entre otros, los comentarios de E. Cito, L. Leonesi, M. Majorano, A. Manna y V. Susca.

(...) es uno de los fenómenos más curiosos y vergonzosos del cuerpo humano. Aunque se han formulado varias hipótesis para explicarlas, todavía no hay nada seguro sobre este asunto" (De Cahusac, 2016). El esfuerzo de la razón para despejar el campo de siglos de superstición, ha sacado a la luz los términos "curiosos" y "vergonzosos", decididamente menos engorrosos y por los efectos menos perniciosos de "violentos, ilegales, pornográficos" y otros adjetivos similares que han decretado la estigmatización de la mancha de sangre que ensucia la ropa de dormir del sujeto fotografiado.

Si nos enfocamos brevemente en la foto en cuestión, lo que llama la atención desde un principio es el contexto. Un ambiente inofensivo como el de una habitación al despertar, con mucha luz y la imagen representa el sueño de una mujer joven, cuyo cuerpo dormido yace de lado. El ambiente es íntimo y tenue, hecho acogedor incluso por las suaves mantas con estampados florales que enmarcan la escena por lo demás desnuda. En la inconsciencia del sueño, el cuerpo relajado libera sus fluidos menstruales, tiñendo el centro de la pijama en rojo oscuro y reproduciendo la misma mancha, pero aún más pequeña, en la sábana. La mancha no solo es un elemento muy pequeño de la imagen, sino que también está ligeramente descentrada y, gracias a los filtros utilizados, el rojo aunque es bermellón, se desvanece por un efecto sepia general y en un estilo de *Instagram* granulado y aparentemente descuidado. Por lo tanto, la narrativa fotográfica resulta tenue y discreta, la familiaridad con el evento representado se insinúa también por la intimidad del marco, que contiene una escena –y esto puede generar problemas– que pertenece a la esfera de lo privado. Qué mujer no ha pasado por este episodio, y sin embargo, es sin duda una narración novedosa e inexplorada, aunque solo sea dentro de una plataforma dedicada al guiño, la inclusión, el seguimiento de los *followers*, a la complacencia. Aquellos que no se sintieron parte de la escena retratada y no entendieron su propósito quedaron perturbados: la foto publicada en *Instagram* invoca la mirada del otro con la esperanza de generar consenso, y si lo provoca, lo hace de manera guiñada; si la imagen de Kaur estuviera en la lista de un menú de un sitio de porno, ¿llamaría a los fetichistas del *menstrual blood* ? Quizás sería demasiado púdica para ese contexto. En cualquier caso, se debe tener en cuenta que en los mismos sitios porno, la categoría menstrual es un tipo de nicho extremo y no siempre está presente en el extenso menú de elección entre las opciones.

Bueno, por cuánto esfuerzo se puede hacer que esta imagen no forme parte del ámbito del porno, ni siquiera es abiertamente vulgar, ni erótica.

¿Cómo? ¿Y qué se ha tratado de proteger denunciándole? ¿Es quizá grotesca?

Siguiendo las huellas de Bataille (las nociones de *dépense* y de heterología, 1972, 2003) y de Bajtin (la noción de cuerpo grotesco, 1979), lo que se expulsa del cuerpo, el exceso, el desperdicio, se convierte en fuente de disgusto y atracción negativa; mientras que el cuerpo cerrado y protegido, como prometen las toallas íntimas, se salva de ser considerado grotesco.

Entonces, si no es porno, ni grotesca, se nos ocurre que esta imagen puede ser obscena. Perturbar la mirada de quienes la encontraron *online* es precisamente la interrupción de la linealidad de una escena construida durante siglos de domesticación de la forma del cuerpo y de la exclusión del orden del discurso de los heterólogos (Joron, 2009), *l'être autre*, según la noción de Bataille anunciada en el *Informe* (1974) y fusionada con la de *dépense* (2003), las "evacuaciones", como también se definen en la *Encyclopédie*.

La mancha de sangre es *autre*, porque está fuera, excede la forma estética reconocida, genera informalidad, por lo tanto, no solo es portadora de cierto grado de obscenidad, sino que también reduce y declara el objeto al que se refiere, el cuerpo así como el sujeto que lo mira. De hecho, en su mirada se le hace cómplice de la escena observada, degradándose también a sí mismo; de ahí que se origine el rechazo firme y la indicación de dicho contenido. La imagen en cuestión, por lo tanto, está fuera de lugar, ya que produce una alteración de la forma estéticamente aceptable; el reconocimiento obtenido de la forma antes mencionada se ha extendido durante el último siglo gracias a la proliferación de medios adecuados para la reproductibilidad técnica y tecnológica, hasta el punto de que la ostentación de las protuberancias eróticas, de las grietas en la piel, la desnudez y la exposición de la carne han entrado al imperio en la amplia gama de representaciones de la corporeidad electrónica. Más allá de lo bueno y lo malo, y de cualquier intento de condenar sus efectos sobre la moral pública, glúteos, senos, vello púbico, muslos separados, boca abierta, etc., están en todas partes.

Parecería que la "carne electrónica"[8] porta en sí la posibilidad de enmendar el exceso sensual reprimido durante mucho tiempo, entre otros, por la fe cristiana occidental, y de restablecer la condición de la imagen

---

[8] *La chair(e) électronique* es el nombre de un grupo de investigación y discusión fundado en Facebook en 2010 como parte delas actividades del IRSA-CRI y el Departamento de Sociología de la Universidad Paul-Valéry de Montpellier.

del cuerpo, por una parte, diseminando un imaginario objetivo de la corporeidad erótica inmediatamente disponible *online*, por la otra, alimentando los deseos y la voluptuosidad de los cuerpos *offline*. Para que pronto podamos admirar un cuerpo erotizado tal y como habíamos admirado durante mucho tiempo las imágenes sagradas de representaciones extáticas de lo divino.

Gif porno y marcos barrocos: la *caída abismal* de la carne

Y mi mano comenzó suavemente.

Lucio Dalla, *Disperato erotico stomp*, 1977.

Lo bajo, lo burdo, lo informe, lo sucio, lo lascivo, el suicido, en un sintagma, lo horroroso mortal empujando en modo neumático, inflando el placer en la búsqueda espasmódica de las categorías *online* y de los últimos estrenos en busca de lo más afín con la urgencia del deseo. No la hambruna iconográfica de la carne, sino su opulenta ostensión. La hostia audiovisual, promesa de carne y espíritu, asomándose a los gifs animados a lo largo de las barras laterales de los sitios porno, ofrece el cuerpo de ensueño incluido en dos o tres movimientos pélvicos o el ir y venir de la garganta forzada durante una felación. El *gif* (acrónimo de Graphic Interchange Format) porno, omnipresente en los sitios al lado del video central, sobre el motor de búsqueda o en otros campos sensibles de las páginas web, es la síntesis extrema de ese proceso de fragmentación del individuo originado en la ciudad industrial e implementado por el cine. Ya el análisis mediológico de Walter Benjamin de 1935 en *La obra de arte en la era de su reproductibilidad técnica* (2000), había resaltado la ontología del *médium* cinematográfico, cuya técnica de filmación de lo real no puede sino pasar por su segmentación y separación en partes discontinuas, como la secuencia de cuadros, este proceso es visible cinematográficamente por primera vez en la representación icónica de la automatización de Charlie Chaplin en *Modern Times* (1936) y alcanza su apogeo en el contemporáneo gracias al *loop* reproducible tecnológicamente al infinito del gif porno animado en digital. Todo este tiempo discontinuo del cine realiza y acoge un *desavenir*, desquiciamiento fílmico espaciotemporal en el que al mismo tiempo estamos emocionalmente presentes y distantes, el que se encuentra hoy en día en la era de la pornocultura electrónica. La estética naïve y mecánica, en su modo redundante del formato gif, consiste en la selección de movimientos esenciales del cuerpo que en el campo del porno exigen lo que es interesante sin preliminares, sin narración y sin la necesidad de concluir.

El gif porno es una redundancia de hasta 10 imágenes en secuencia que dan la sensación de un video engañando sobre la posibilidad de narración, ya que, consumidas la primera vez, se renuevan en un *loop* que repite la misma escena continuamente hasta que nos damos cuenta de que se trata de un acto serial cíclico que siempre es idéntico a sí mismo:

> La cara en el primer plano de una mujer con la boca abierta más allá de toda medida, la mirada húmeda queda capturada mientras parpadea y no puede tragar porque la cavidad bucal está siempre ocupada por dos miembros que nunca dejan de recibirlos en profundidad.

> Fondo rosa, un sillón sobre cuyos brazos reposa cubierto con una suave lana blanca, dos manos masculinas grandes y nudosas dirigen continuamente las nalgas, ampliándolas con cada nuevo agarre, de un adolescente con la intención de morder la punta del pezón de otra. Esta rubia y madura, que continuamente se muerde la boca con cada mordida y se resiste a aplastar la cara del hombre con sus manos carnosas.

> Un joven con una bata de baño gris, una taza en la mano, su muñeca tatuada, gastada y musculosa, no puede enfrentar la cara de un niño con calzoncillos naranjas que se le acerca con un torso desnudo, porque debe rechazarlo bruscamente; cuando agarra el miembro ya erecto y duro en sus manos, al infinito, y no sepamos si tiene al menos el momento de vislumbrar un principio de desafío que se basa en la cara del otro, quien, sin desanimarse, reanuda su asalto cada tres segundos. Solo fija la palabra STR8 to GAY.

Un *gif*, similar a un *loop* musical, funciona si la última imagen, sin ningún salto de fotograma (y, por lo tanto, de sentido) se une nuevamente a la primera, creando un simulacro perfecto de repetición infinita. La redundancia barroca del gif (Vidal, 2015), y especialmente del porno es ejemplar, porque, por un lado, resuelve el problema innecesario de la inconsistencia de la trama de las películas porno tradicionales, seleccionando solo el acto sexual en sus acciones esenciales. En otras palabras, llega a la escena *quid* sin preámbulo, por otra parte también cumple otra función que no es secundaria. El gif porno, de hecho, en su repetición circular, alude a la emocionante fantasía de extender al infinito el acto y el gesto –erección, *fellatio*, penetración, eyaculación, *squirting*, masturbación– sin realizarlos, pero acumulando e inflando la búsqueda de placer que no llega a una conclusión. Como efecto, se produce en aquellos que miran distraídamente un aumento de excitación que a cada repetición se renueva, desbordamiento de lujuria y deseo.

En este sentido podemos considerar a este objeto digital como la síntesis más exitosa de la condición pornocultural que maduró en las mallas de la red: el placer del retorno y no la repetición estéril de lo siempre igual.

Una oda al principio de la cita, una in-citación y una re(c)itación erótica interminable que no se cumple y es insaciable. En la mitología griega, Sísifo, considerado el más astuto de los mortales y el menos escrupuloso, fue condenado por su arrogancia abrumadora que lo había llevado a desafiar continuamente a los dioses, a empujar una gran roca a la cima de una montaña, incluso si fue absuelto por el castigo, lo volvió a promulgar con el resultado de que la roca rodara cada vez y renovó para siempre la pena de escalar por siempre; del mismo modo, el frenesí de encontrar fuentes y contenidos en línea capaces de encender apetitos lujuriosos ha generado un dispositivo que se alimenta a sí mismo gracias al principio familiar de la necesidad de repetición. La búsqueda de visiones que alimentan la *nuova carne elettronica* haciendola apetitosa. Nutrida por fotogramas de gifs porno hasta la postración de nuestra mirada agotada, mientras está casi en la cima del placer, se ve obligada a seguir el *loop* inagotable que de nuevo rueda hacia el fondo del deseo y reinventa el dispositivo.

Este mecanismo se intensifica con resultados exorbitantes en las páginas de portales y sitios porno, donde, alrededor de la escena central, solamente una imagen fija de un video listo para reproducir, se despliega en columnas y frisos horizontales de gifs sexuales en repetición ontológica continua para crear un marco integral en movimiento falso, que crea un nuevo sentido de *mise en abyme*, dictado por la estética pleonástica: la condición de la *augmented libido*.

El ojo, tan invadido por una serie de escenas idénticas en su variación, no hace más que absorber su eficacia pornofílmica: una penetración capilar y policíaca de contenidos sin espacios vacíos. Cada píxel está ocupado por íconos, animes, menús de categorías, gifs, invitaciones verbales, clics con fondo de gemidos y gruñidos, a través de los cuales actúa contra la percepción distraída de fragmentos replicados que, como en un *gang bang*, responden a nuestra deseo de ser sometido por un ambiente pornofonoicónico sin rutas de escape.

> Pero se sabe lo que es la revolución. Se sabe en qué forma la pornografía participa realmente, para cada individuo; es la participación colectiva que queda por investigar. (Quizás, cuando sea posible hacerlo, ya no sirva: entonces las cosas ya habrán cambiado). (Romano Giacchetti, *Porno-power. Pornografia e società capitalista*, 1971).

IV

LA OBSCENIDAD INTEGRAL

Cada vez que surge la obscenidad, podemos sentir la muerte inminente de una forma.

Obscena es solo la serie de movimientos preliminares y anunciadores del nacimiento, la convulsión preconsciente en presencia de una vida por venir. Es en la angustia de la muerte que se aprende la naturaleza del nacimiento..

Si hay algo que merece el nombre de "obsceno" es nuestra confrontación oblicua como voyeurs de misterios, esta marcha al borde del abismo, con todos los éxtasis del vértigo, y al mismo tiempo, la negativa a abandonarse a la fascinación que lo desconocido trae consigo.

HENRY MILLER, *OBSCENITY AND THE LAW OF REFLECTION*, 1945.

Las cadenas y el silencio, que le deberían haber encarcelado en las profundidades de sí misma, sofocarla, estrangularla, en cambio, le liberaron de sí misma.

Debajo de los ojos, debajo de las manos, debajo de los sexos que la ultrajaban, debajo de los látigos que la desgarraban, se perdía en una delirante ausencia de sí misma que la restituía al amor y la acercaba tal vez a la muerte.

¿No era más libre? Sí, ¡gracias a Dios no era más libre! Pero ella se sentía ligera, diosa sobre las nubes, pez en el agua, perdida en la felicidad.

PAULINE RÉAGE, *HISTOIRE D'O*, 1954.

El pornoerotismo, redes y vida cotidiana

"¿Qué hacer después de la orgía?".

Jean Baudrillard, *La transparencia del mal*, 1990.

¿Qué sucede después de la orgía?, Jean Baudrillard se preguntó esto durante tantos años, convencido como estaba de que la era de la fiesta en el momento en que escribía ya estaba agotada. ¿Fue realmente así? ¿Se acabó la fiesta? ¿No era el caso, en cambio, de ver su continuación en otras formas, su transfiguración? En concreto, ¿qué sucede cuando, como intentamos desvelarlo, el erotismo abarca el régimen de la vida cotidiana, el imaginario nocturno invade la luz del día y lo festivo se mezcla con lo ordinario?

Productos llenos de perfumes afrodisíacos, ampliaciones para adornar los carteles publicitarios más diversos, Viagra, cocaína, GHB y Red Bull, el retorno del *Popper* y otras sustancias sustitutas que estimulan incesantemente y rápidamente la emoción colectiva, escenarios políticos llenos de humores, alusiones sexy, performances obscenos y laberintos a las luces rojas, *sexting, dickpic, twerking, gastroporn, food porn* (Coward, 1984) y otras prácticas de erotización lasciva de alimentos, tratamientos cosméticos para afinar cada curva del cuerpo y todo el sistema de los objetos, diseñadores dedicados a conferir *sex appeal* a cualquier forma en el mundo, vendedores de todo tipo capacitados en el arte de la seducción, sacerdotes, fotomodelos, estrellas de rock, intelectuales y empresarios involucrados en escándalos sexuales ...

Miremos a nuestro alrededor: las paredes del porno están colapsadas. Sus escondites desenterrados. Las sustancias del *hard* proliferan ahora en cada truco del escenario público, propagándose a través de exitosos contagios virales.

El sexo se ha convertido en una actividad pública por primera vez desde los tiempos de una era primitiva. En cierto sentido, todos participamos en el sexo, nos guste o no (Ballard, 2008: 83).

Bienvenidos a la pornocultura

Ahora en su etapa superior, la sociedad de consumo (Baudrillard, 2008) ostenta ahora su no tan oculta estructura de conducción pornoerótica. No solo y no tanto una metáfora, sino su dinámica subyacente, su flujo vital. El paradigma del consumo está de hecho lleno de deseos sensibles, confiando en la excitación, seduciendo al cuerpo invitándolo a la voluptuosidad, volcando su carne en la emoción de su límite, donde el goce a menudo choca con la ansiedad intrigante de la muerte. En la dilapidación de un objeto, la aurora de otro siempre se mantiene (Debord, 1968), al igual que cada orgasmo perseguido en el *x realm* es siempre el pretexto de otro goce, siempre más audaz, formidable, excepcional, sin importar que no sea así realmente. Una acrobacia perpetua del cuerpo amante del placer, la actuación porno regresa constantemente, en su agonía y con sus mandíbulas afiladas, a la emoción experimentada al cruzar los límites, encubriéndose tanto de su embriagadora fascinación como del pánico inmanente en el torbellino del precipicio, después del placer, cuando el éxtasis festivo se agota, con la tierra quemada, el escenario se convierte en un montón de ruinas.

La historia de los bienes y del cuerpo erotizado, sobre la que descansa la sociedad del espectáculo, es la epopeya de un relanzamiento continuo que culmina en la disipación, de una promesa cada vez más resonante que conduce a la angustia, de una progresiva denudación del sujeto que tiende a satisfacer y despertar implacablemente su deseo: una historia destinada a elevar sexualmente, y no solo, cada fragmento orgánico e inorgánico de nuestras vidas. Oscilando entre lo obsceno y el horror vacío, todos somos máscaras, guitarras y figuras grotescas de un carnaval desbordado, fuera del marco, incontrolable en sus tumultos y sus movimientos más allá y más acá de la escena pública y la escenografía mediática, política, economía y publicitaria. En este sentido, la trayectoria de la pornografía representa una metáfora instructiva de la base y los efectos perversos para la consustancialización de la erotización difusa de la vida cotidiana.

Hasta hace unos años, de hecho, la pornografía representaba un universo reservado para una multitud de adeptos con perfiles socioculturales que tendían a ser homogéneos e identificables (Adamo, 2004) una tribu corpulenta que requería a aquéllos que querían ser parte de ella, para satisfacer su deseo lujurioso, para superar una serie de pruebas para filtrar con precisión el número y la identidad. Solo los sujetos movidos por un impulso erótico más poderoso que las barreras de la timidez y el pudor daban el salto transgresivo al abismo del placer. Acceder a un espectáculo de cine de luz roja, comprar una cinta de video o un DVD, o cruzar los umbrales de las habitaciones oscuras constituía rituales de iniciación –en su mayoría masculinos y heterónomos– ineludibles para satisfacer el instinto pornográfico. El advenimiento de las nuevas tecnologías de la comunicación, especialmente la web 2.0 primero y luego la geolocalización, asociadas con la deflagración de los deseos y con la disolución de las inhibiciones que han marcado el curso histórico desde los años sesenta hasta nuestros días, implica una profunda transformación del fenómeno, para dilatarlo de manera exorbitante y emanciparlo de su papel marginal en el contexto de la dieta mediática y la cultura contemporánea. Youporn. com, PornTub, RedTube, PornHub, XHamster, Xvideos.com y todos los sitios similares resultan, en este sentido, una prueba de fuego exhaustiva de la relación entre las redes y la sexualidad, para destacar en el Olimpo de la sociabilidad electrónica. Entre sus ventanas, encontramos de manera palpable la medida en que la tensión conectiva que fluye a través de los flujos de la cultura digital (Susca, 2016) adquiere un valor primario exactamente en la fusión carnal inducida por ella, y en su facultad para apoyar la llegada de una corporalidad trascendente de cada individuo, su identidad y su separación, sumergiéndolos en flujos hirvientes de erotismo y humedad. Éstas son corrientes de alta densidad emocional donde el ser humano se derrite y se encuentra en conjunciones sin precedentes con el otro de sí mismo: el otro sexual, inorgánico, místico, cultural... La pantalla caliente de los sitios porno no se limita, de hecho, a hacerse cuerpo y a recibir cuerpos, no es tanto y solo una membrana de la mirada conmovedora y una pantalla de apariencia conmovedora, como también un laboratorio de deconstrucción y regeneración del cuerpo, comenzando desde la carne hasta la carne electrónica, como dispositivo simbólico y órgano sexado.

Cada primer plano llamativo que se muestra en los clips *hard* es también un acto de escarificación a través del cual el cuerpo se descompone y desgarra en pedazos, experimentando, junto con los picos de placer, incluso los confines somáticos y los límites simbólicos, como si el conjunto de cada escena pornoerótica fuese también la cabina desde la cual se analizan, prueban y manipulan los umbrales de la humanidad, de su goce y de su felicidad. Las imágenes que brotan del *x-scape* muestran incesantemente, en un torrente de rasgos mecánicos y ritmo encantador, la disociación de cada cavidad del cuerpo e inmediatamente después de su obturación con el toque de una tortura inquietante. El sexo, todos los orificios orgánicos, inorgánicos y otros dispositivos de placer actúan como agentes de paso para fluir hacia el otro desde intersticios porosos capaces de tragar al otro, haciéndose pasar por planos, actualizando algo muy similar al devenir múltiple según Gilles Deleuze (1996).

Freak, Animal, Vegan porn, Alternative porn, Gang bang, Nanny porn, Fetish, Environmental porn, Milf, Gilf, Fantasy, Interracial, Beurettes, BDSM, Shemal, Toys, Monster... las categorías propuestas en las vitrinas de las redes porno contemporáneas son, al mismo tiempo, los laboratorios y las carnicerías de la *nueva carne*, donde se retiran y colocan, rasgan y cosen, las formas y sustancias de la vida por venir. Bautizados en un marco festivo en espiral definido por los principios del placer, la alteración y la violencia, en ellos, como enseña la sabiduría del carnaval, se renuevan cuerpos mientras se sacrifican, se celebran culturas al mismo tiempo que se dilapidan, se generan existencias a la vez que se archivan.

Probablemente el aspecto más indicativo de las figuras diseminadas de las vísceras del pornoerotismo digital, la novedad que hay en ellas, es su carácter heterodoxo en comparación con los modelos sexuales y de identidad más establecidos a los que estamos acostumbrados, una condición que favorece conjunciones inéditas, travestimentos, cruzamientos bizarros, soldaduras en las fronteras de lo humano, unidas a los límites de lo humano que puede alterar las órdenes monolíticas y dicotómicas de nuestros paradigmas culturales tradicionales: "Como si en los intersticios de la red hirviera una cita exacerbada del Jardín de las Delicias de Hieronymus Bosch, la imaginación se dirige hacia los territorios de la hibridación humano-animal-mecánica" (Ciuffoli, 2006: 116). La web porno es, por lo tanto, mucho más que el revuelo lúbrico de la carne en el estado natural, su deshilachamiento acogedor, su disipación final: el matadero del humanismo, una poesía apocalíptica. Si el goce puede ser interpretado como el comienzo de un acceso (Nancy, 2002), el momento de una transición, la excitación experimentada al ver un video sexy, hace que el cuerpo entre en un estado de efervescencia que lo prepara para un trance portentoso, un viaje fuera de uno mismo que involucra la visión de un lugar donde los sentidos y la imaginación entran en sintonía: cuerpo y bit, sueño e información, pesadilla y comunicación. El porno es, por lo tanto, el portal de una diáspora ebria, una tumultuosa deriva de la carne.

La lujuria es la búsqueda carnal de lo desconocido, como la cerebralidad es una búsqueda espiritual. La lujuria es el gesto de crear, y es la Creación.

La lujuria triunfa, porque es la exaltación gozosa la que impulsa al ser más allá de sí mismo... La lujuria es una fuerza, porque refina el espíritu llamando a la perturbación de la carne. La lujuria es la batalla perpetua que nunca se gana.

Valentine De Saint-Point, *Manifiesto futurista de la lujuria*, 1913.

La carne y el verbo

¿Era víctima, envejecida, de una especie de andropausia? No iba a ser excluido, y para ver claramente decidí pasar mi velada en Youporn, que en esos años se había convertido en un sitio porno de referencia. El resultado fue, desde el principio, muy tranquilizador. Youporn respondía a las fantasías de hombres comunes y corrientes esparcidos por el mundo, y yo, confirmé desde los primeros minutos, que era un hombre de normalidad absoluta.

Michel Houellebecq, *Summision*, 2015.

Para seguir y comprender adecuadamente la naturaleza de la mutación antropológica en curso, objeto y tema de nuestra investigación, debemos comprender las características peculiares de los escapes porno en esto que constituye su modelo básico y en cuáles son sus emergencias actuales: por una parte, las redes sociales electrónicas y pornoeróticas, de las cuales Youporn.com fue y es uno de los arquetipos más extraordinarios; por otra parte, su actualización como enjambres orientados por sistemas telemáticos de geolocalización de los gustos, los perfiles y los deseos. Registrado por una empresa californiana en diciembre de 2005, el dominio *Youporn* se convirtió rápidamente en uno de los territorios digitales más populares del mundo y, rápidamente, se colocó, en compañía de sus homólogos, entre los cincuenta sitios más visitados del mundo. Su prerrogativa es simple y al mismo tiempo sorprendente: la traducción porno de la lógica de Youtube, con permiso a los usuarios para proveer, producir y evaluar los contenidos de la plataforma. El financiamiento de la transacción proviene de los anuncios que rodean las páginas web, o de la gran cantidad de sitios, líneas de chat eróticas o salas que ofrecen la oportunidad de conocer, en vivo o no, a aquéllos que comparten cierta voluptuosidad, estilos y tendencias. Todos los días, el archipiélago se llena con miles de videos nuevos, que ya pueden contar con un número exorbitante de visitas después de unas horas desde su inserción. Cada una de las islas presentes ofrece una visión del horizonte fractal en el que, de una manera sintomática respecto a la tribalización del mundo contemporáneo (Maffesoli, 2004), se articulan la sociedad y los gustos. Los usuarios del sitio y de todos sus innumerables competidores se detienen en los diferentes lados del paisaje y lo cruzan, siguiendo sus propias preferencias, determinando así un pluriverso de opciones posibles que corresponden a tantas identidades y cartografías del imaginario pornoerótico y no solo.

El fenómeno muestra de forma clara que el porno está desbordado por los márgenes subculturales en los que se ha sumergido hasta la explosión de la versión participativa de Internet. Estamos en presencia de una población que ahora tiende a ser equivalente a la masa de usuarios de la red, un entorno comunicativo donde, por otro lado, las luces rojas juegan un papel importante, como se muestra, por ejemplo, a través de los datos según los cuales la palabra "sexo" es la más digitada en los motores de búsqueda, el 35% de los archivos descargados corresponden a contenidos libidinosos y el 12% de los sitios son de naturaleza sexual (*Wired*, 2014). Por lo tanto, el porno es uno de los destellos que dan forma a la cultura de Internet y, por extensión, a todo el entorno cultural contemporáneo.

Ya no es pertinente referirse a esta tendencia como un nicho y un género narrativo específico. La web 2.0 y sus seguidores han sellado, en cambio, la llegada de la pornocultura con una sensibilidad que atraviesa la web y que contamina todos los aspectos de la vida social. Si observamos de cerca, un hilo rojo une en profundidad el porno con la cultura pop (Regazzoni, 2010), los videos de Youporn, Jacquie y Michel o Zombi porn con imágenes provocativas a través de las cuales la publicidad seduce al transeúnte metropolitano o al espectador de televisión (Abruzzese, 2010), las *sex shop hard* o *soft*, *kitsch* o lujosas con pantallas táctiles de los rincones sinuosos de los *smart phones*, así como las novelas eróticas más o menos triviales con las escabrosas notas que polulan entorno a líderes políticos contemporáneos, desde el bunga bunga de Silvio Berlusconi hasta los escándalos sexuales en los que Dominique Strauss-Kahn estuvo involucrado, pasando por las historias verdaderas y verosímiles que marcaron, sin ningún orden en particular, las carreras de Bettino Craxy, Bill Clinton, Nicolas Sarkozy, François Hollande...

La política, en particular, parece recurrir a una especie de hieródula para reafirmar su dominio sacro y reclamar el monopolio de la obscenidad y la transgresión: las bases secretas y remotas del poder de todas las épocas (Girard, 1992). El espectáculo orgiástico o pseudo-orgiástico difundido más o menos inconscientemente por representantes conspicuos de las clases dominantes (Ceccarelli, 2010) tiene como objetivo armonizar el poder instituido con la erótica societal, restableciendo la correspondencia perdida entre quienes gobiernan y quienes viven, para erigir a sus representantes ante museos excepcionales del cuerpo social e inalcanzables por el cuerpo social. Relanzar el *performance*, exasperar los tonos, inflar las emociones, debería, por lo tanto, servir para devolver al político la supremacía de la plaza, mientras que en cambio parece transpuesto, desde el vientre del tejido colectivo, como una puesta escénica satírica, si no simplemente ridícula. Un simulacro que, como durante mucho tiempo fue la plaza, y en particular la plaza electrónica, ha superado las barreras y se ha ganado la escena principal del teatro de la obscenidad.

Poco importa, sin embargo, las formas más o menos finas y verdaderas en que esto se logra, lo que importa es nuestra inmersión en un escenario pornocultural, cuyas redes son simultáneamente la causa, el efecto y la gigantesca caja de resonancia. El entorno mediático en el que nos empapamos lleva a la práctica el paradigma epidérmico y táctil que subyace en los medios electrónicos contemporáneos (McLuhan, 1982, 2003): no son simples herramientas de comunicación y medios de información, sino *the skin of culture* (de Kerckhove, 2014). Como la piel de la cultura, la cuenca semántica de los medios de comunicación, lugar por excelencia de la contaminación entre cuerpos que caracteriza la obscenidad contemporánea, contiene y extiende la sensibilidad de nuestro tiempo con toda su carga somática, incluidos sus fantasmas y sus secreciones.

En este sentido, las redes pornoeróticas son muchas cosas al mismo tiempo: un paroxismo portentoso, una alegoría de la confusión orgiástica entre la carne y los bits en nuestra cultura, pero también una figura excesiva, no la última y no la primera, de la danza extática que agita la socialidad contemporánea.

A diferencia de lo que fue para sus predecesores, los pasos, las interacciones y las combinaciones de este escenario febril, éstos ya no están presididos por una estructura puramente porno-gráfica. La dimensión de la escritura, de la cual deriva el sufijo de la palabra, ahora juega un papel marginal en las prácticas que emergen en las zonas erógenas de la web, que en su mayoría invaden la pantalla con escenas cortas, improvisadas y repetitivas, al límite de la obsesión, inspiradas en las categorías a las que pertenecen y entretejidas con primeros planos explícitos, a menudo redundantes. Se consume aquí, un corolario del colapso de la escritura, una saturación de la mirada del triunfo de una tactilidad desbordante: la producción y la visión de las escenas XXX ya no están dirigidas para el ojo, sino que son inducidas y arrastradas por el cuerpo, que solo ve en la medida en la que toca y es tocado. La escritura de los videos porno emana así la excrecencia desplazada de gramáticas de un cuerpo excesivo, demacrado, picante, húmedo, troceado, sangriento, sucio, travestido, dilatado, herido... En este camino, según Massimo Canevacci, lo digital e Internet en su versión *hot* "atestiguan la transición de la pornografía tradicional al porno en su versión más cruda: decadencia de la escritura y devenir visual del porno en su totalidad".[1] El *visual scape* y el *pornoscape* se compenetran, agotando a la racionalidad dominante del orden alfabético y arruinando sus fundamentos divinos, así como el equilibrio entre lo sagrado y lo profano que se instituyó al menos desde la entrega a Moisés de las tablas de la ley.

Las tablas fueron obra de Dios, la escritura fue la escritura de Dios, tallada en las tablas (*Antiguo Testamento, Éxodo*, 32).

El paisaje cultural que emerge en los pliegues viscosos de la red ve, por lo tanto, la inversión perpetua y consecuente del equilibrio entre el verbo y la carne sobre la cual se fundó la cultura occidental, al menos, precisamente, desde el Antiguo Testamento:

> En un principio fue el Verbo, el Verbo estaba con Dios y el Verbo era Dios. (...) La luz verdadera, la que ilumina a cada hombre, vino al mundo. (...) Y el Verbo se hizo carne y habitó entre nosotros (Jn 1, 14).

El sacrilegio ardiente del porno, especialmente en la versión pagana y salvaje de la web 2.0, en los cuerpos ardientes, corrobora una sensibilidad en la que, en cambio, " la carne llega hasta hacerse verbo".

La carne de-viene el significado primordial del imaginario contemporáneo.

La liturgia orgiástica que la involucra es, por lo tanto, una especie de rito sacrificial con muchas laceraciones, tótems y fetiches, en los cuales se celebran y ritualizan cultos al cuerpo y cultos místicos de naturaleza dionisíaca, donde la sacralidad más profunda y el erotismo están envueltos en un abrazo íntimo.

---

[1] La frase proviene de un intercambio de cartas entre Massimo Canevacci y el autor.

Los placeres consumidos entre las habitaciones, las vitrinas y las pantallas de la pornocultura imponen, después de muchos otros, una rectificación adicional a la civilización occidental y moderna, transfigurando dos de sus pilares, la creación y la procreación, en una recreación generalizada libre de toda producción y lejos de la lógica del progreso. El porno, suntuosa metáfora del desperdicio más improductivo posible, en su difusión en capas cada vez más amplias de la sociedad, insinúa de manera contagiosa en los intersticios de la vida cotidiana, un estilo de vida basado en su deseo libidinal en vez de la satisfacción en el trabajo, en la conducta lasciva en vez del comportamiento de estilo burgués, en la huída del deber en nombre de un hedonismo audaz, más allá de la moral. Sintomáticamente, la galaxia simbólica que actúa como semillero para los videos porno, su ambientación, pero también los propios directores y los usuarios-protagonistas, con su *storytelling* respectivo (Salmon, 2008), es parte de la vida cotidiana o alude a figuras de existencia ordinaria, dando cuenta de una visión de las cosas que en términos clásicos podría definirse desde abajo y de lo bajo (Bajtin, 1979).

Este es el caso, por ejemplo, del *Gonzo* y del *Indie*, pero sobre todo del Realcore (Messina, 2010), un género porno de reciente difusión caracterizado por temas, técnicas y estética predominantemente ordinarias, *underground*, al límite de lo grotesco, donde la calidad *amateur* es rugosa, sin necesidad de ficción o edulcoración. Las películas que brotan de todas las plataformas mencionadas hasta ahora desbordan constantemente secuencias contextualizadas o directamente provenientes de la cuenca doméstica y desde lugares inusuales y no desde las salas de filmación cinematográfica. Entre las producciones del mercado se destacan propuestas que oscilan entre una dimensión de actuación espontánea y otra de improvisación actuada, donde están presentes, en diferentes grados, tanto amateurs que arman de manera independiente escenarios con calidad profesional, como profesionales que pretenden ser amateurs para atraer al público en busca de autenticidad. El contenido primordial de la web 2.0 es, de hecho, la red de usuarios con la carga de información, carne y símbolos que lleva consigo.

En coherencia con el ambiente medial del que se deriva, el pornoerotismo 2.0 exhibe por lo tanto la vida cotidiana en un modo simulado, hasta dejarle la dirección y la interpretación del espectáculo. En él, los planos de lo ordinario y lo extraordinario se interseccionan generando cortocircuitos y virtuosismos: la naturaleza ordinaria de los protagonistas y de los escenarios en los que actúan (forasteros, amas de casa, trabajadores precarios, blogueros, estudiantes, apartamentos modestos, ropa estilo *do it yourself*) se combina con la calidad extraordinaria de la actuación (dimensiones enormes, gemidos bocales, tiempos prolongados hasta lo inverosímil, prácticas extremas, tomas desde perspectivas innovadoras), traduciendo lo banal en fantástico, dando un valor poético a la estética más anodina irradiada por el cuerpo social.

Los actos de visión y el consumo del pornoerotismo electrónico se ubican precisamente, en la mayoría de los casos, en el espacio más habitual de sus usuarios y ya no en cuevas ocultas, en los márgenes del tiempo libre o en áreas oscuras de autonomía temporal. Ahora es una cuestión de prácticas completamente desprovistas de la carga transgresora y de su corolario, el sentimiento de culpa. Ya no se cumplen en nombre de un ultraje, con la aspiración de contradecir o provocar el sentido común, sino con una euforia, si no hilarante, ligera, de acuerdo con los cultos hedonistas.

La pornocultura es sentido común y en todos los sentidos.

La pornocultura se ha espaciado

Si es cierto que las redes inalámbricas, las memorias inalámbricas, los teléfonos inalámbricos y otros dispositivos de la nube están entrelazando las tramas simbólicas, afectivas y oníricas del territorio físico, modificando las formas comunicativas del habitar (Di Felice, 2010) en geografías de lo vivido, en formas de lo vivido, es igualmente evidente que estas formas son sobre todo sensibles y sensuales. ¿Cómo interpretar de manera diferente la implementación de técnicas de geolocalización mediante aplicaciones como *Tinder* o *Happn* para actualizar encuentros eróticos de acuerdo con gustos específicos, afinidades, estilos, pero también emociones, tamaños y fetiches? Hoy más que nunca, o mejor en modo más preciso y coherente con las expectativas de los individuos en comparación con el pasado, el sistema de comunicación reticular permite que potencialmente todos crucen los flujos metropolitanos (La Rocca, 2013), ahora flujos posturbanos, al paso de los deseos afectivos o sexuales inmediatamente realizables, con muchos datos que coinciden con cuerpos, fantasmas con encuentros, visiones con experiencias.

De hecho, los *software* y las *app* en cuestión pueden proporcionar a sus usuarios, en tiempo real, el mapa, la disponibilidad y los perfiles de las personas en las que podrían estar interesados para un encuentro cercano, de donde se deriva la superposición completa del entorno sensible, imaginario y erótico al entorno físico. Por lo tanto, estamos inmersos en un paisaje integral donde lo invisible, los deseos, los afectos y los sentidos visten por completo el territorio material, como en el deseo de los surrealistas (Alquié, 1955; Breton, 2005). Aquí hay algo muy similar a lo que pasaron muchas revistas de los años ochenta con la distribución adjunta de gafas de rayos X, aparatos a través de los cuales los propietarios, según las promesas de la publicidad, podrían haber desvestido con los ojos a las personas observadas. Ser transparente, estar desnudo, incluso en sistemas caracterizados por la opacidad, por vínculos e iniciaciones de tipo neotribal, o en cualquier caso neocomunitario, son en cambio hoy, los deseos, los caprichos y las fantasías de aquéllos que están cerca de nosotros y que podrían estarlo previo un rápido intercambio de mensajes. En este contexto, la vecina y el vecino del metro son, por lo tanto, personas no solo anónimas con quienes compartir espacio y tiempo, sino *partners* eróticos virtuales (en el sentido más interesante y preciso de la palabra: "que existen en potencia", pero que, al mismo tiempo, también se actualizan [Lévy, 1997]). La proxemia se convierte entonces en una ciencia, una conciencia y una experiencia impregnada de erotismo, así como, al mismo tiempo, las relaciones que tejen el estar-juntos aparecen y emergen esencialmente como densos enlaces de erotismo y hechos de erotismo.

Las afinidades conectivas son inmediatamente, aunque no por encima de todo, afinidades eróticas. La ciudad aumentada o, en otras palabras, la *smart city*, también es, si no por encima de todo, una ciudad erótica y erógena: *smart*, de hecho. Movida y agitada por la carne. En ella, todos estamos sujetos a deseos impredecibles e incontrolables que pueden distorsionar nuestro viaje urbano al atraerlo a telarañas lúbricas. Por lo tanto, no solo los sujetos deseosos, sino sujetos del deseo, sujetos al deseo de los otros, ya sea un transeúnte o un software insolente.

La porncultura se ha temporalizado

Resulta curioso que, así como la ingesta de algunas drogas como la cocaína (Baggozzi y Cipitelli, 2008), la inmersión en el *pornoscape* se realiza principalmente entre las 9 am y las 5 pm (*Wired*, 2014), ocupando y distorsionando el tiempo tradicionalmente consagrado al trabajo, tomado como un receptáculo donde verter y coagular las sustancias tradicionalmente nocturnas del imaginario colectivo. Invasión de la noche a plena luz del día, alteración de la armonía apolínea, disonancia, disgusto, distorsión: una sombra se extiende en el corazón del sistema social, amenazadoramente. Un espectro erra alrededor del mundo: el espectro sensual de la pornocultura.

La confusión causada por sus disturbios a los sistemas políticos, culturales y productivos establecidos es directamente proporcional a su incipiente materialización en el escenario principal de la cultura. Liberado de los intersticios en los que ha residido clandestinamente durante años, emergió con la cabeza en alto desde el *underground*, este fantasma es cada vez menos etéreo y cada vez más tangible. Aunque es una costilla del modelo de desarrollo capitalista, de la industria cultural y, más generalmente, del mundo moderno, el porno, en su inminente irreductibilidad a la lógica de la producción económica y la reproducción social, ahora se ha convertido en una célula desquiciada. Un efecto perverso. Un cáncer. Por un lado, de hecho, se transmite inmediatamente al mercado como un modelo de negocios, por otro lado, el imaginario que exuda las bases del poder y el conocimiento actuales, injertándolas con valores éticos y estéticos disonantes. A pesar de los intentos astutos de suavizar el carácter violento, salvaje y disipado orquestado por la ideología neoliberal para convertirla en una válvula de su propio régimen, la pornocultura tiene, en retrospectiva, una calidad irreprimible: es una fuerza ingobernable desde el núcleo fundamentalmente improductivo. Lanzada con avidez a la basura. Destinada fatalmente al desgaste. Devota de Dionisio y de sus avatares más actuales.

Basta con pensar en un flagrante ejemplo de lo que hasta ahora se ha reivindicado, en la modalidad típica y habitual en la que las prácticas en cuestión se insinúan en la condición profesional de nuestros tiempos, convirtiendo al trabajador, según el caso, en porno-actor, porno-usuario o porno-productor: mirada fija en una pantalla de computadora, balanceo compulsivo de una ventana a otra, entre un informe que se editará y una conversación en Skype con un colega, entre un sitio de noticias y el del tiempo, entre un *hashtag* serio y un *emoji* ridículo. Una imagen provocativa perturba el desempeño diligente de las tareas asignadas e invita al usuario, a la creatividad o al trabajador por cuenta propia en servicio, con un solo clic, a revelar una burbuja de placer en el espacio-tiempo que, por excelencia, es un lugar dedicado a los deberes.

La atención es inmediata, luego se disloca de manera integral en un lado sexy, se actualiza en una ventana de la pantalla, un fragmento de placer pulsante para deconstruir e infectar el mosaico de las mansiones, de las funciones profesionales e incluso diversiones sostenibles. La voluptuosidad pornerótica, de hecho, la abstracción necesaria para el análisis no nos distrae del plano material de las cosas, no invita a una simple distracción, llega a la masturbación, que, aunque solo sea intelectual, desvía el cuerpo del trabajo desperdiciando, en el goce, la energía. Aquí hay un cañón suelto del errante peligroso y los efectos perturbadores en los elementos que lo rodean, que están demasiado cerca de sus trayectorias porque no están influenciados por su presión rampante e intrusiva y contagiosa.

Esto también implica algunos resultados cruciales para el procesamiento de contenido porno. Debe calibrarse según la naturaleza fluida y acelerada de las comunicaciones electrónicas (Di Marino, 2013), acortando la durabilidad clásica de los *clips hard* y proporcionando al usuario de inmediato lo que necesita, la sustancia que anhela. Los videos de la última generación de pornoscapes electrónicos, incluso si, como sucede a menudo, reciclando materiales de otros sitios o películas, son mucho más cortos que un largometraje y no incluyen los intervalos típicos y las escenas de tránsito que caracterizan el lenguaje pornográfico clásico (Servois, 2009). Incluso podemos argumentar que, de alguna manera, estas articulaciones se deslizan en las imágenes y narraciones de formas culturales que marcan el resto del panorama de los medios y la vida cotidiana. Publicidad, diseño, política y televisión, desde la *Isola dei famosi* hasta la serie *Master of sex*, *True blood* (Attimonelli, 2012) o *Californication* (Pireddu, 2010), junto con otros medios, constituyen las premisas y el seguimiento del imaginario porno más puro y duro. En cualquier caso, entre una y otra, entre el porno y el resto del sistema de comunicación no hay más barreras que la porosidad y la afinidad mutua.

Por otro lado, la naturaleza *multitasking* de la cultura digital, según la cual realizamos simultáneamente, a través de diversos medios, diferentes acciones, mientras escribimos, por ejemplo, estamos escuchando la última canción de Jamie xx, *taggeando* el último álbum de fotos *online* en el que participamos y reservamos nuestro próximo viaje transalpino, participando en las conversaciones del grupo de investigación en el que estamos registrados, nos aseguramos de que cada una de las actividades realizadas preste una atención parcial y estén todas, directa o indirectamente, entre ellas conectadas. Un sitio se refiere a otro, la información se proyecta a una nueva fuente, un *tweet* absorbe un torbellino de voces y el post que acaba de consultarse nos lleva a una conversación con múltiples sedimentaciones. Así es como la cautivadora imagen de un *banner* nos incita a escribir en la Búsqueda de Google la fórmula tecnomagica "porn", el destino ineludible de la navegación electrónica. De hecho, el deambular de un lado a otro de la red conduce fácilmente, si no automáticamente, a donde los bajos instintos, junto con las visiones más maravillosas, producen cosquilleos. En ambos lados, los meandros serpenteantes de la carne son un tránsito inexorable.

> A medida que el *voyeur* del siglo XIX vagaba por las calles de la metrópolis entre prostitutas y escaparates, incluso el cuerpo del pasante virtual ahora cede al atractivo de la carne digital en la que se encuentra inmersa (Abruzzese, 2010: 207).

Internet trata de ser, entonces, una camisa provocadora de las venosidades, de la iconología y los sonidos infernales. Las imágenes que brillan en ella, muestran cuerpos exorbitantes, neo-sátiros excitados, ninfas provocadoras, figuras transgénero y actores licenciosos que celebran una búsqueda de placer que a menudo coincide con la expresión más cruda de la naturaleza humana, por medio de un shock estético y del lenguaje que los cánones del buen gusto llevan archivando desde hace mucho tiempo en los registros de lo inmundo y lo repugnante. Estas son provocaciones estéticas que, a diferencia de aquellas que fueron los actos indecentes de las vanguardias históricas del siglo XX (Abruzzese, 2001; De Micheli, 2005) apelan principalmente a los sentidos, renunciando a toda palanca conceptual y abstracta. En el contexto del escenario pornocultural, además, la oferta entre *Youporn, Xporn, Pornotube, Shufuni, Youjizz* y similares es abundante no solo en el archipiélago de la web entre una propuesta de luz roja y otra, sino también en comparación con las diferentes narraciones difundidas en la red, en los medios y en los espacios urbanos, que están inervadas en una medida cada vez más pronunciada de impresiones sexy y guiños. La dinámica del mercado da como resultado una espiral en la que solo aquéllos que generan el exceso hacen ruido y pueden captar los bienes preciosos de la economía contemporánea: atención sensible (Gorz, 2003), empatía y, aún más rara, la excitación de los usuarios.

Lo obsceno y lo Real

Tal vez la definición de obscenidad es el devenir real, absolutamente real, de algo que, hasta entonces, fue metaforizado o poseído. Solo una dimensión metafórica. La sexualidad tiene siempre –como la seducción– una dimensión metafórica. En la obscenidad, los cuerpos, los órganos sexuales, el acto sexual, ya no son brutalmente puestos en escena, sino mostrados de inmediato, listos para ser devorados, son absorbidos y reabsorbidos al mismo tiempo. Se trata de un acting out total a partir de cosas que, en principio, son parte de una dramaturgia, de una escena, de un juego entre compañeros. Aquí, en cambio, sin juego, sin dialéctica ni eliminados, sino solo una colusión total de los elementos.

JEAN BAUDRILLARD, *L'OBSCÈNE*, 2000A.

En este marco, se consuma una de las paradojas más importantes de sentido y de consecuencias de nuestra época: en el seno del sistema comunicativo que debería haber garantizado en la mente de sus pioneros el triunfo de la ciencia y de la conciencia occidentales (Lévy, 1994), prolifera y se expande, en cambio, el lado oscuro de la humanidad, lo que Georges Bataille denomina la "parte maldita" (2003). El ciberespacio y sus derivaciones tecno-societales brotan de esta manera exacerbadas y bárbaras, aunque de manera microfísica, como sostendría Foucault (1977), o invisibles para quienes buscan cambios sociales en levantamientos revolucionarios o en las grandes obras de la cultura, la carga de voluptuosidad que el núcleo duro de la cultura moderna ha estigmatizado e intentado domesticar para convertirse en una energía viva de su propio sistema de poder y conocimiento.

Dadas las razones y las causas por las que se origina, la red se ha movilizado y continúa reflejando y multiplicando de manera exponencial las sensibilidades e imaginarios que hasta ahora han sido relegados a los márgenes de la historia (Abruzzese, 2015; de Kerckhove, 2008), dando la bienvenida a un cuerpo contra cuerpo generalizado en el que el sexo y la violencia coexisten y se agitan convulsivamente, con toda la iconología del esperma, las secreciones vaginales y la sangre que las distingue. Frágiles metáforas de la licuefacción del humanismo, estas y otras emociones son también, al mismo tiempo, promesas de un alegre amanecer y advertencias de la progresiva decadencia de Occidente. Por esta razón, la socialidad electrónica (Casalegno, 2007), en su efervescencia festiva y su danza macabra, despliega, actualiza y expande formas ya experimentadas en la Edad Media, una dimensión carnavalesca de la vida colectiva de buen gusto, de rituales orgiásticos y de libertinaje. La pornocultura liberada por ella impregna todos los meandros del cuerpo social y fluye en las venas de las sociedades contemporáneas, cambiando aún más el alma y las formas, las éticas y las políticas, las estéticas y las economías. Si, de hecho, al principio los medios electrónicos jugaron sobre todo el papel de exhibir la generalización de la erotización que caracteriza la vida cotidiana al menos desde finales de los años sesenta (Debord, 1968), luego se convirtieron en multiplicadores de la misma, propagándose de manera contagiosa, en tiempo real y en gran escala, entre un *download* y un *share*, un acceso y una participación, un *share* y un *like*, un *sexting* y un *match*: los contenidos, los contenedores y los lenguajes, tanto como para influir también en los entornos de superficies previamente inmunes al *sex appeal* más lascivo, como el mundo del lujo, la moda o la mercancía.

Por lo tanto, como se mencionó anteriormente, el porno no es solo una de las estructuras subyacentes a la producción, el consumo y el entretenimiento, sino que emerge como un paradigma existencial de nuestros días: un estilo de vida forjado por las llamas del placer. Efracción del cuerpo entre hedonismo y crueldad, exhibición de atrocidades y ritos orgiásticos, arte palpitante y carnicería, habitada por excesos que tienden, a través de un vertiginoso resurgimiento del deseo, a desarrollar y quemar la carne, a satisfacer al sujeto mientras se disipa, a condensar emociones más allá y más acá de lo social y lo políticamente correcto y establecido. No es casual que la puesta en escena permanente y completa del pornoerotismo, genitivo subjetivo y objetivo, produzca asco y avance al ritmo de provocaciones continuas e irritantes. Repugnancia tras repugnancia, conmoción tras conmoción, cierra el telón revelando su contenido más profundo, el más escandaloso para nosotros, hijos de la modernidad y el humanismo: lo obsceno es lo verdadero y lo verdadero es lo obsceno.

Obscena es a la vez la naturaleza más visceral del ser humano en su equivalencia de planos entre lo claro y lo oscuro de la existencia y su relevancia post-humana (Besnier, 2009; Marchesini, 2002; Pireddu y Tursi, 2006), transhumana (Vincent, 2011), con la forma en que se basa en las prácticas, las gramáticas y las fantasías que descansan sobre la interpenetración entre el sujeto y los otros sujetos y sobre la confusión entre el sujeto y el objeto. En resumen, aquí surge la obscenidad por excelencia de nuestro tiempo: la pérdida del yo en la técnica, en la red, en el entorno, en la carne, en la carne electrónica y en cualquier otra alteridad. Una renuncia, una evacuación, una rendición, pero también una apertura, una integración y una hibridación con el otro de sí mismo. Es quizás este, por otro lado, el sentido más pertinente y más intrigante de todas las teorías y prácticas que aprovechan el término "aumentado". Realidad aumentada, identidad aumentada, territorio aumentado: en todos estos casos, el aumento en el objeto se vuelve sustancial solo en la medida en que se basa en una disminución relativa de la subjetividad que cada vez implica e invierte. Esto es también lo que sucede en el sector investigado por nosotros: cuanto más *augmented* las frases examinadas aquí, exorbitantes y *hard*, menos *están presentes* el sujeto y el humano. *Menos son*, como humanos. Y *menos están presentes*, como sujetos.

Una vez que se vertió abundantemente en los pliegues espaciales y temporales más ordinarios de la vida cotidiana, desde el *studio* hasta el *loisir*, desde las calles hasta los cafés, la materia ardiente del pornoerotismo se metaboliza lentamente, incluso se diluye y trivializa, perdiendo progresivamente su carga transgresiva original, y en particular su sello contracultural, que había cometido actos obscenos y narraciones sensuales, desde Sade, Artaud y Pasolini hasta Larry Flynt (Milos Forman, 1996), una bandera ideológica y un arma al servicio de la protesta, si no de la revolución, como se muestra en todas sus facetas, en la película de Bernardo Bertolucci *The Dreamers* (2003). El enjambre carnavalesco de la pornocultura, hunde su presencia en el paisaje contemporáneo bajo la apariencia de una vanguardia de placer estético y ético, una vocación transpolítica, que no proyecta energías más allá de la matriz de la que provienen y los orgasmos múltiples que la sostienen. Parafraseando la fórmula de Karl Marx en una perspectiva lejos de la lucha de clases, podríamos describir esta sensibilidad como una in-conciencia colectiva "en sí y por sí", desde el momento en que reconoce, aumenta y vibra con entusiasmo en torno a los datos. Las visiones sensibles e imaginativas, no eligen ser estructuradas de acuerdo con una línea estratégica y una meta a largo plazo, no se movilizan para gobernar el mundo, sino que continúan con una tenacidad despreocupada, fuera del marco del pensamiento, para saltar y caer en una voluptuosidad hedonística en espiral, *hic et nunc*.

La revuelta es el placer en sí mismo, esto es si toma juego de todo pensamiento. (Bataille, 1998: 150).

Transición adicional a una desinhibición generalizada y un metabolismo colectivo del porno, la dirección de Xvideos, Youporn, Pornhub,

ManHub, Xhamster y otras áreas incandescentes de la web, a diferencia de lo que sucedía anteriormente con las revistas pornográficas, que se encontraban escondidas en estantes secretos para consultas furtivas, se publican en la lista de sitios "favoritos" de Internet, mientras que las actuaciones de los protagonistas inéditos del *hard* ascienden en el tema de la conversación social en la televisión, en bares y en una cena con amigos. Aunque esto ocurre a menudo en el marco de intercambios complicados, marcados por las sonrisas para traicionar la vergüenza inducida por el tema, estas conversaciones desempeñan un papel fundamental en la circulación, luego en la socialización, sustancias que antes se mantenían en las áreas más íntimas de la existencia, con el resultado de la redefinición macroscópica, a expensas del individualismo y del individuo en el que se ha arraigado gran parte de la modernidad, el equilibrio entre la esfera pública y la esfera privada. Incluso podríamos argumentar que la sonrisa actúa, aquí como en otros casos, como ya explicó Simmel para prácticas como los juegos sociales y la coquetería de su tiempo (Simmel, 1997), desde un dispositivo para traducir lo indecible en lo decible, hacia una integración societal definida.

Desfallecer

En sintonía con lo que sucede con otras cuestiones más o menos frívolas cada vez más presentes en nuestras sociedades, desde Facebook hasta Periscope.tv, desde los *reality shows* hasta Instagram y Whatsapp, el contenido voluptuoso que ofrecen las plataformas web más recientes, con especial referencia a aquéllas en las que el usuario y el contenido tienden a coincidir, presentan una condición en la que el acto erótico no adquiere relevancia, de hecho, no se experimenta por completo, excepto en el contexto de su exposición a la mirada, la sonrisa, del *like* al *smiley*, y, en definitiva, al tacto de los demás. El fenómeno en cuestión, por lo tanto, participa en el mismo destino reservado para todos los demás hechos absorbidos por la cultura digital a partir de una toma fotográfica o de una recuperación o escaneo de una imagen. Nada escapa a la mirada de las diferentes cámaras digitales dispersas en nuestro mundo, dispositivos que solo ahora dan a la experiencia la calidad y la intensidad de la realidad.

Un real, con tanto de *fake*, más real que realidad (*Les Cahiers Européens de l'Imaginaire*, 2014). Por lo tanto, la experiencia se percibe hoy como tal, de manera progresiva, si un evento se fotografía o se registra por primera vez, luego se observa en la pantalla y luego se publica en la red, finalmente se aprecia, comenta y promueve por los contactos de la persona involucrada en el juego. De lo contrario, no existe ...

Porno es, ante todo, la abundancia, la redundancia y la excrecencia de la realidad en el momento en que, para ser considerado como tal, debe tener lugar inmediatamente, al igual que el hecho, el rastro, la interpretación y los datos hipervisibles compartidos al menos por un grupo reducido y que nunca se queda en la fortaleza de la experiencia individual. Así encontramos, dispersos por todas partes en el espectro expandido de la pornocultura, mucho más allá de sus paroxismos sexuales, actos de crueldad y recrudecimiento hacia el individuo y los individuos: el sujeto, con su *privacy*, es el primer cordero sacrificado en los rituales de la socialidad electrónica en todas sus variaciones. ¿Qué es, por otro lado, la *selfie*, sino una práctica de auto sacrificio del yo, un sacrificio libidinoso por el cual la exposición aparentemente narcisista del sujeto representa en realidad el don de sí mismo a una red de contactos, o afinidades conectivas? (Susca, 2016). El gesto de inmortalizarse a sí mismo para ofrecer su imagen propia al público como evidencia de cualquier experiencia individual, o más bien como un acto fundacional de la existencia electrónica - del que Cronenberg fue pionero en el título de una de sus famosas películas, *eXistenZ* (1999) – avala tanto la exhibición espectacular de una personalidad, como la entrega casi definitiva del yo al otro, para reiterar que, hoy más que nunca, *je est un autre* (Rimbaud, 1972), de hecho *je* está en las manos, así como bajo la mirada, de *l'autre*.

Estas manos, listas para comentar, empuñar, retocar, compartir y alterar la imagen del yo, de vez en cuando, no son neutrales: la atracción y la repulsión que iluminan la acción están, en efecto, empapadas de impulsos afectivos, apasionados y eróticos. Tal como sucede con la *selfie*, que nos solicita y nos produce cosquilleo, pues llama nuestra atención en la medida en que, al mismo tiempo, nos seduce, nos intriga o nos excita. De aquí surge nuestro deseo de poseerlo y manipularlo. Entonces, como paso siguiente, mientras creemos que lo tenemos bajo control, experimentamos el hechizo y lo introducimos en una espiral colectiva, en otra afinidad conectiva en la que tanto el ser original, como el nuestro, están perdidos y confundidos. Con-fusionados para siempre.

En el vaivén entre pornoerotismo y socialidad, el teléfono móvil, la cámara de video o las cámaras web, como hemos señalado, son herramientas y entornos con gran potencial *hard*, irrumpiendo en la escena *hard*, actualizando en ella la presencia de un público que, a través de la técnica, se vuelve más participante, que se convierte en un actor-participante y actor de prácticas mediante evocaciones orgiásticas.

> La orgía presupone, exige la equivalencia de los participantes. No solo la individualidad de cada participante se sumerge en el tumulto de la orgía, pero cada participante niega la individualidad de los demás (Bataille, 2009: 125).

Una tendencia similar a la que se acaba de mencionar, se puede encontrar de una manera más sutil, pero no menos incisiva, incluso en los hábitos que se abren camino en el vestuario, como el de exhibir, tomado como un complemento de varias historias de vida, las fotos tomadas en una ocasión particular. Imágenes de personas encontradas o lugares visitados. Como en cuanto a la *selfie* (Escande-Gauquié, 2015; Lichtensztejn, 2015), con efectos aún más macroscópicos y supraindividuales, la gran cantidad de cámaras fotográficas desplegadas en el turismo y en las historias de amor, en los deportes y los conciertos, en los episodios de la crónica y en los momentos más banales del día, ya no se agita, en la dirección de un testimonio de la realidad, sino que configura la realidad misma, una realidad surreal. Un real de las tramas pornoeróticas.

De nuevo y de una manera mucho más marcada que hace unas páginas: bienvenido a la pornocultura. La técnica y lo otro, infundidos y generalizados de injertos de porno en las venas de la vida cotidiana, redefinen la experiencia personal, atribuyéndole la calidad de una condición porosa y común, que se desliza hacia la otredad y se convierte en un devenir perenne.

> Desde arriba de la tabla de planchar observaba la figura alta del hombre que se conectaba a las dimensiones y esquinas del apartamento. Después el acto sexual se convirtió para ellos en una doble comunión entre ellos y el continuo espacio-temporal que ocupaban (Ballard, 2008: 59-60).

Una comunión viscosa. Pornoerotismo en estado gaseoso y electrónico, carnal y plástico, sensual y fantasmático.

En la comunión celebrada entre los nudos, las habitaciones y las ventanas de la pornocultura, todo parece provenir del anhelo de placer: desear, excitarse, tocar y tocarse, tocarse para tocar, venir. Sin embargo, este es un sentimiento ambivalente, así como ambivalente es el bienestar que dispara y concluye sus modos. Continuamente alude a la muerte, desde la *petite mort* hasta el desastre del humanismo, ya que seguidamente viola al sujeto y engranándolo en una suave cadena de adicciones, lo obliga, en las garras del otro, a reducir progresivamente su autonomía, a rendir porciones crecientes de la racionalidad en nombre del triunfo lascivo de los sentidos, perderse, disolverse, ser poseído. Cada una de estas cesiones y cada una de estos hundimientos del sujeto corresponde a un acto consensual, aunque, desde un punto de vista más sistémico, al considerar la perspectiva histórica en la que está inscrito todo esto, parece estar en juego un destino fatal. Lo que tiene que ver e impone sobre la escena el lado trágico de la existencia. Es trágica, de hecho, la alegría que preside los múltiples orgasmos de nuestros *pornoscape*: envuelve al sujeto en sí mismo mientras este desfallece, en su desfallecimiento.

> Los ojos humanos no pueden soportar el sol, ni el coito, ni el cadáver, ni la oscuridad ... (Bataille, 2011: 22).

Los ojos, su punto de vista, y con ellos el punto de vista completo del hombre moderno, no son capaces de mirar a la cara ni el sol ni la oscuridad, ni el orgasmo ni un cadáver, ni la vida que palpita ni tampoco los secretos de la muerte. Entonces, con los ojos cerrados, las manos temblorosas y el tacto acogedor, tal vez sea posible acariciar el advenimiento de la *nuova carne*. Nuestro viaje termina en el orgasmo, con un *memento mori*. En el triunfo y el fin de la pornocultura, la *nuova carne*.

BIBLIOGRAFÍA

Buscar el frenesí cotidiano.

Charles Baudelaire, Diarios íntimos, 1864.

AA.VV., *Dictionnaire de la Pornographie*, Paris, Presses Universitaires de France, 2005.

ABRUZZESE, A., *Forme estetiche e società di massa. Arte e pubblico nell'età del capitalismo*, Venezia, Marsilio, 2001 [1973].

______, *Il fantasma fracassone. PCI e politica della cultura*, Roma, Lerici, 1982.

______, *Lo splendore della tv. Origini e destino del linguaggio audiovisivo*, Genova, Costa & Nolan, 1995.

______, "Youporn ou le capitalisme de la chair", *Les Cahiers européens de l'imaginaire*, Paris, n. 2, *Le Luxe*, CNRS éditions, 2010.

______, *Punto zero: Il crepuscolo dei barbari*, Roma, Luca Sossella, 2015.

ADAMO, P., *Pornografie*, Milano, Unicopli, 2003.

______, *Il porno di massa. Percorsi dell'hard contemporaneo*, Milano, Raffaello Cortina, 2004.

ADORNO, T.; HORKHEIMER, M. *Dialettica dell'illuminismo*, Torino, Einaudi, 1996 [1947].

AGAMBEN, G. *Nudità*, Roma, Nottetempo, 2009.

ALQUIÉ F., *Philosophie du surréalisme*, Paris, Flammarion, 1955.

ALBERTI, L-B., *De pictura*, Paris, Alias, 2015 [1436].

ALQUIÉ, F., *Philosophie du surréalisme*, Paris, Flammarion, 1955.

ANDERS, G., *L'uomo è antiquato*, Torino, Bollati Boringhieri, 2003 [1956].

ARAKI, N., *Araki*. Colonia, Taschen, 2014.

ARENDT, H., *Vita activa. La condizione humana*, Milano, Bompiani, 2000 [1958].

ATTIMONELLI, C., *Techno: Ritmi afrofuturisti*, Roma, Meltemi, 2008.

______, "Little Miss. L'erotizzazione del corpo delle bambine", en CAPECI CHI, S.; RUSPINI, E. (orgs.), *Media, corpi sessualità*. Milano, Franco Angeli, 2009.

______, "Sigla bondage, come ti lego e ti sospendo al video", en LA ROCCA, F.; MAGALAMBA, A.; SUSCA, V., *Eroi del quotidiano. Figure della serialirà televisiva*, Milano, Bevivino, 2010.

______, *Casa di Bambola*. Azusa Itagaki, Bari, Fabrica Fluxus Art Gallery, 2011.

______, "You are mine: True blood, ou mon cœur est mis à nu", *Les Cahiers européens de l'imaginaire*, n. 4, *L'amour*, CNRS éditions, Paris, 2012.

______, "Le désavenir du temps. Le fake, la mort et autres fantômes", *Les Cahiers européens de l'imaginaire*, n. 6, *Le fake*, CNRS éditions, Paris, 2014.

ATTIMONELLI, C.; D'OTTAVIO, A. (orgs.), *To be continued. I destini del corpo nei serial televisivi*, Bari, Caratterimobili, 2011.

ATTWOOD, F., (org.). *Porn.com. Making sense of online pornography*, New York, Peter Lang, 2010.

______, "Younger, paler, decidely less straught": the new porn professionals", en ATTWOOD, F. (org.) *Porn.com. Making sense of online pornography*. New York, Peter Lang, 2010.

BAGOZZI, F.; CIPPITELLI, C., *In estrema sostanza. Scenari, servizi e interventi sul consumo di cocaina*, Roma, Iacobelli, 2008.

BAJTIN, M., *L'opera de Rabelais e la cultura popolare*. Torino, Einaudi, 1979 [1965].

BAGOZZI, F., CIPPITELLI, C., *In estrema sostanza. Scenari, servizi e interventi sul consumo di cocaina*, Roma, Iacobelli, 2008.

BARTHES, R., *La camera chiara*, Torino, Einaudi, 1980.

______, *L'ovvio e l'ottuso. Saggi critici III, Obvie et l'Obtus: Essais critiques III*, Torino, Einaudi, 1985.

BATAILLE, G., "L'alluce", *Documents N. 6*, en *Documents*, Bari, Dedalo, 1974 [1929].

______, "Informe", *Documents N. 7*, en *Documents*, Bari, Dedalo, 1974 [1929].

______, *Œuvres complètes II, Écrits posthumes 1940-1922*, Paris, Gallimard, 1972 [1930].

______, "Collège de sociologie", Conférence du 22 janvier 1938, en *Œuvres complètes II*, Paris, Gallimard, 1970 [1938].

______, *La parte maledetta. La nozione di dépense*, Torino, Bollati Boringhieri, 2003 [1949].

______, *Conferenze sul non-sapere*, Genova, Costa & Nolan, 1998 [1951].

______, *L'érotismo*, Milano, ES, 2009 [1957].

______, *Le lacrime di* Eros, Torino, Bollati Boringhieri, 2004 [1961].

______, *L'anus solaire*, Paris, Lignes, 2011 [1970].

BAUDRILLARD, J., *Il sistema degli oggetti*, Milano, Bompiani, 2003 [1968].

______, *La società dei consumi*, Bologna, Il Mulino, 2008.

______, *Simulacres et simulations*, Paris, Galilée, 1981.

______, *La trasparenza del male. Saggio sui fenomeni estremi*, Milano, SugarCo, 1991 [1990].

______, *L'obscène*, en *Mots de passe*, Paris, Le Livre de Poche, 2000a.

______, "Simulacri e fantascienza", en *Tecnofilosofia. Per una nuova antropología filosofica*, Milano, Millepiani 17.18, Mimesis, 2000b.

______, *Il patto di lucidità o l'intelligenza del male*, Milano, Rafaello Cortina, 2006 [2004].

BAUDRY, P. *La pornographie et ses images*, Paris, Armand Colin, 1997.

______. *L'addiction à l'image pornographique*, Paris, Éditions du Manuscrit, 2016.

BELLMER, H. *Anatomia dell'immagine*, Adelphi, Milano, 2001 [1957].

BENJAMIN, W. *L'Œuvre d'art à l'époque de sa reproductibilité technique*, *Œuvres III*, Paris, Gallimard, 2000 [1936].

______, *I "passages" di Parigi*, Torino, Einaudi, 2002 [1986].

______, *Sull'Hashisch*, Torino, Einaudi, 1975 [1964].

BERNAS, S., DAKHLIA, J. *Obscène, Obscènités*, Paris, L'Harmattan, 2008.

BESNIER, J-M., *Demain les posthumains: Le futur a-t-il encore besoin de nous?* Paris, Hachette, 2009.

BIASIN, E.; ZECCA, F.; MAINA, G. (orgs.). *Il porno espanso. Dal cinema ai nuovi media*, Milano-Udine, Mimesis, 2011.

BLANCHOT, M., *L'entretien infini*, Paris, Gallimard, 1969.

BOURCIER, M-H., *Queer Zones. Politiques des identités sexuelles et des savoirs*, Paris, Éditions Amsterdam, 2011 [2006].

BRETON, A., *L'amour fou*, Paris, Gallimard, 1937.

______, *Manifestes du surréalisme*, Paris, Folio Essais, 2005 [1962].

BUFFARDI, A,; KERCKHOVE, D. de. (orgs.), *Il sapere digitale. Pensiero ipertestuale e conoscenza connettiva*, Napoli, Liguori, 2011.

BUCHBINDER, D., *Performance Anxieties: Re-producing Masculinity*, Sydney, Allen & Unwin, 1998.

______, *Sii uomo! Studio sulle identità maschili*, Milano, Mimesis, 2004.

BURCKHARDT, J., *La civiltà del Rinascimiento in Italia*. Roma, Newton & Comton, 2010 (1860).

BUTLER, J., *Questione di genere, il femminismo e la sovversione dell'identità*, Bari-Roma, Laterza, 2013 [1990].

______, *Corpi che contano*, Milano, Feltrinelli, 1996.

______, *Défaire le genre*. Paris, Amsterdam, 2006.

______, *Scambi di genere. Identità, sesso e desideri*, Sansoni, Firenze 2004.

______, *La disfatta del genere*, Roma, Meltemi, 2006.

CALEFATO, P., "Pornomoda", en BIASIN, E.; ZECCA, F.; MAINA, G. (Orgs.), *Il porno espanso. Dal cinema ai nuovi media*. Milano, Mimesis, 2011.

CANEVACCI, M., *Culture extreme*, Roma, Meltemi, 1999.

______, *Una stupita fatticità. Feticismi visuali tra corpi e metropoli*, Genova, Costa & Nolan, 2007.

CARLUT, C., "Kokoschka et la poupée", *Interlope la curieuse*, N. 6, dic. 1992.

CASALEGNO, F., *Le cybersocialità. Nuovi media e nuove estetiche comunitarie*, Milano, Il Saggiatore, 2007.

CASTELLS, M., *La nascita della società in rete,* Milano, Università Bocconi Editore, 2002 [1996].

CECCARELLI, F., *Sesso e potere: storia breve di due anni indecenti*, Milano, Feltrinelli, 2010.

CHAKA, "Lemonparty", en *Urbandictionary*, Urbandictionary.com, 2005.

CICERONE, P. E., "Amare una bambola", *Mente e cervello*, núm. 122, A. XIII, febrero 2015.

CIUFFOLI, E. *XXX, Corpo, porno, web*, Roma, Castelvecchi, 2006.

______, *Porno, sex toys e altri buchi*. URL: http://www.lostampateo.com/giu-box/porno-sex-toys-open-source-buchi/

CODELUPPI V., *Mi metto in vetrina. Selfie, Facebook, Apple, Renzi e altre"vetrinizzazioni"*, Milano-Udine, Mimesis, 2015.

COMBESSIE, Ph., "Quand une femme aime plusieurs hommes: le taire ou le dire?", *Ethnologie française, Sexualités négociées*, n. 3, Paris, juillet 2013.

COMBESSIE, Ph.; MAYER S., "Une nouvelle économie des relations sexuelles?", *Ethnologie française, Sexualités négociées*, n. 3, Paris, juillet 2013.

COWARD, R., *Female desire: women's sexuality today,* London, Paladin Books, 1984.

CRIMINAL Justice and Immigration Act 2008. URL: http://www.justice.gov.uk/docs/extreme-pornographic- images.pdf.

DA SILVA, Juremir Machado, *As tecnologias do imaginário,* Porto Alegre, Sulina, 2012.

DEBORD, G., *La società dello spettacolo*, Bari, De Donato, 1968 [1967].

DE CAHUSAC, L., "Menstrues", en DIDEROT, D.; D'ALEMBERT, J. B. (1750-77), *Projet Encyclopédie de Diderot et d'Alembert online,* 2016 [1765]. URL:http://xn--encyclopdie-ibb.eu/index.php/physique/878677239-medecine/914564503-MENSTRUES.

DE CERTEAU, M., *L'invenzione del quotidiano,* Roma, Edizioni Lavoro, 2001 [1980].

DE KERCKHOVE, D., *La civilizzazione video-cristiana*, Milano, Feltrini, 1995 [1990].

______, *Brainframes. Mente, tecnologia, mercato*, Bologna, Baskerville, 1993 [1991].

______, *La pelle della cultura. Un'indagine sulla nuova realtà elettronica,* Genova, Costa & Nolan, 1996 [1994].

______, *L'intelligenza connettiva. L'avvento della Web Society*, Roma, De Laurentis, 1999 [1997].

______, "The point of being", en DE KERCKHOVE, D.; MIRANDA, C. (Orgs.), *The point of being,* Cambridge Scholars Publishing, New Castle Upon Tyne, 2014.

______, *"L'inconscio digitale"*, en BUFFARDI, A.; DE KERCKHOVE, D. (orgs.), *Il sapere digitale. Pensiero ipertestuale e conoscenza connettiva*, Nápoles, Liguori, 2011.

DE KERCKHOVE, D.; MIRANDA, C. (orgs.), *The point of being*. New Castle Upon Tyne, Cambridge Scholars Publishing, 2014.

DE LAURETIS, T., *Sui generis. Scritti di teoria feminista*, Milano, Feltrinelli, 1996.

DELEUZE, G., *Divenire molteplice*, Ombre corte, Verona, 1996.

DELEUZE, G.; GUATTARI, F., *Capitalisme et schizophrénie 1:* L'Anti-Œdipe, Paris, Les Éditions de Minuit, 1972.

______, *"Come fasi un corpo senz'organi"*, en *Millepiani, Capitalismo e schizofrenia*, II, Roma, Castelvecchi, 1996 [1980].

DE MICHELI, M. *Le avanguardie artistiche del Novecento,* Milano, Feltrinelli, 2005 [1986].

DE RUGGIERI, F., *I segni del cinema*, Bari, Progedit, 2008.

De SAINT-POINT V., *Manifesto futurista della lussuria,* en AA. VV., *Manifesti del futurismo*, Milano, Abscondita, 2008 [1913].

DESCARTES, R., *Discours de la méthode,* Paris, Flammarion, 2010 [1637].

DE SUTTER L., *Métaphysique de la putain*, Paris, Leo Schéer, 2014.

DE SUTTER L., *Esthétique du trottoir*, en *Les Cahiers européens de l'imaginaire,* N. 8, *La rue*, Paris, CNRS éditions, 2016.

DEWEY, C., "Why did Instagram censor this photo of a fully clothed woman on her period?", en *Washington Post,* 28 marzo 2015.

DI FELICE, M., *Paesaggi post-urbani. La fine dell'esperienza urbana e le forme comunicative dell'abitare*, Milano, Bevivino, 2010.

DI MARINO, B., *Hard media. La pornografia nelle arti visive, nel cinema e nel web*, Milano, Johan & Levi Editore, 2013.

DRENGSON, A., INOUE, Y., *The Deep Ecology Movement: An Introductory Anthology,* Berkeley, North Atlantic Publishers, 1995.

DUMONT, L., *Essais sur l'individualisme. Une perspective anthropologique sur l'idéologie moderne*. Paris, Seuil, 1983.

DURKHEIM, É. *De la division du travail social*, Paris, PUF, 1991 [1897].

DWORKIN, A.; MACKINNON, C., *Pornography and civil right. A new day for women's equality*, Minneapolis, Organizing Against Pornography, 1988.

ELIAS, N., *La société des individus*, Paris, Fayard, 1991 [1939].

ESCANDE-GAUQUIÉ, P., *Tous selfie! Pourquoi tous accro?* Paris, François Bourin, 2015.

FERGUSON A., *The Sex Doll: A History*, Jefferson McFarland, 2010.

FERRARI, F.; NANCY, J-L., *Nus sommes. La peau des images*, Bruxelles, Klincksieck, 2002.

FORTUNATI, L., *Verso il corpo artificiale*, en FORTUNATI, L.; KATZ, J.; RICCINI, R. (orgs.), *Corpo Futuro. Corpo umano tra tecnologie, comunicazione e moda*, Milano, Franco Angeli, 2002.

FOUCAULT, M., *Le parole e le cose*, Milano, Rizzoli, [1966].

______, *Sorvegliare e punire. La nascita della prigione*, Torino, Einaudi, 1993 [1975].

______, *La volontà di sapere. Storia della sessualità*, Milano, Feltrinelli, 1977 [1976].

______, *Microfisica del potere*, Einaudi, Torino, 1977.

______, *Naissance de la biopolitique. Cours au Collège de France 1978-1979*, Paris, Gallimard, 2004.

FREUD, S., *Il Perturbante*, Roma, Riflessi, Theoria, 1993 [1919].

GHEZZI, E., "Reintroduzione", *Filmcritica*, agosto-sept., 1982.

GIACCHETTI, R., *Porno-power. Pornografia e società capitalista*, Bologna, Guaraldi ed., 1971.

GIRARD, R. *La violenza e il sacro*, Milano, Adelphi, 1992 [1972].

GORSEN, P., *Wiener Aktionismus und fotografie*, en *Wiener Aktionismus. Sammlung Hummel*. Milan, G. Mazzotta, 2005.

GORZ, A. *L'immatériel. Connaissance, valeur et capital*, Paris, Galilée, 2003.

GROSS, D. *Snapchat: sexting tool or the next Instagram?*, 2013. URL: http://edition.cnn.com/2013/01/03/tech/mobile/snapchat/

HABERMAS, J., *Storia e critica dell'opinione pubblica*, Bari-Roma, Laterza, 1995 [1962].

HARAWAY, D. *Manifesto cyborg. Donne, tecnologie e biopolitiche del corpo*, Milano, Feltrinelli, 1995 [1991].

HEIDEGGER, M. *Lettera sull' "umanismo"*, Milano, Adelphi, 2002 [1946].

Hermes. Identités numériques. Expressions et traçabilité, FOURMEN-TRAUX, J-P. (org.), Paris, CNRS éditions, 2015.

HOLMES, O. W. *Il mondo fatto immagine. Origini fotografiche del virtuale*, Geniva, Costa & Nolan, 1995 [1860].

HUGON, S., *Circumnavigations. L'imaginaire du voyage et l'expérience Internet*, Paris, CNRS éditions, 2010.

JACOBS, K. *Netporn: DIY web culture and sexual politics*, Lanham, EUA, Rowmann & Little field, 2007.

JONES, S. *Horrorporn/Pornhorror: The problematic communities and contexts of online shock Imagery*, en ATTWOOD, F. (org.), *Porn.com. Making sense of online pornography*. New York, Peter Lang, 2010.

JORON, P., *La vie improductive. Georges Bataille et l'hétérologie sociologique*. Montpellier, Presses Universitaires de la Méditerranée, 2009.

______, *La fête à pleins bords, Bayonne : fêtes de rien, soif d'absolu*, Paris, CNRS éditions, 2012.

KLOCKER, H., *Tour de force*, en MAZZOTTA, G., *Wiener Aktionismus. Sammlung Hummel*, Milano, Mazzotta, 2005.

KOKOSCHKA, O., *Oskar Kokoschka: Der Fetisch*, en WESTHEIM, P., (org.), *Künstler Bekenntnisse: Briefe, Tagebücher, Betrachtungen heutiger Künstler*, Berlim, Ullstein Verlag, 1925.

KRAFFT EBING, von R., *Biografie sessuali. I casi clinici della Psychopathia Sexualis*, Milano, Neri Pozza, 2014 [1886].

LA BOÉTIE, É., *Discours de la servitude volontaire*, Paris, Éditions Mille et une nuits, 1995 [1548].

LA ROCCA, F., *La ville dans tous ses états*, Paris, CNRS éditions, 2013.

LATOUCHE, S., *La scommessa della decrescita*, Milano, Feltrinelli, 2007 [2006].

LAURETIS, T., *Sui generis. Scritti di teoria femminista*, Milano, Feltrinelli, 1996.

LE GOFF, J., *La naissance du Purgatoire*, Paris, Gallimard, 1981.

LE QUÉAU, P., *L'homme en clair-obscur. Lecture de Michel Maffesoli*, Laval, Presses universitaires de Laval, 2007.

Les Cahiers Européens de l'Imaginaire, *Techno-magie*, N. 3, Paris, CNRS éditions, 2011.

LÉVINAS, E., *Totalità e infinito. Saggio sull'esteriorità*, Milano, Jaca Book, 1986 [1961].

LÉVY, P., *L'intelligence collective. Pour une anthropologie du cyberspace*, Paris, La Découverte, 1994.

______, *Il virtuale*, Milano, Raffaello Cortina Editore, 1997 [1995].

LICHTENSZTEJN, A., *Le selfie. Aux frontières de l'égoportrait*, Paris, L'Harmattan, 2015.

LOVINK, G., *Ossessioni collettive. Critica dei social media*, Milano, Università Bocconi Editore, 2012 [2011].

LUKÀCS, G., *Storia e coscienza di classe*, Milano, Sugarco, 1991 [1923].

LULL, J., *In famiglia. Davanti alla TV*, Roma, Meltemi, 1991 [1990].

MAFFESOLI, M., *La logica del dominio*, Bologna, Cappelli, 1978 [1976].

________, *L'ombra di Dioniso. Una sociologia delle passioni*, Milano, Garzanti, 1990 [1982].

________, *Il tempo delle tribù. Il destino dell'individualismo nelle società postmoderne*, Milano, Guerini & Associati, 2004 [1988].

________, *Le réenchantement du monde*, Paris, La Table Ronde, 2007.

________, *Apocalisse. Rivelazioni sulla società postmoderna*, Napoli, Ipermedium, 2010 [2009].

________, *Matrimonium. Breve trattato di ecosofia*, Roma, Bevivino, 2012 [2010].

________, *Homo eroticus. Des communions émotionnelles*, Paris, CNRS éditions, 2012.

________, *La parole du silence*, Paris, Cerf, 2016.

MARCHESINI, R., *Post-Human. Verso nuovi modelli d'esistenza*, Torino, Bollati, Boringhieri, 2002.

MARX, K., *Differenze tra le filosofie della natura di Democrito e di Epicuro*, Milano, Bompiani, 2004 [1841].

MARX, K., *Manoscritti economico-filosofici del 1844*, Torino, Einaudi, 2004/b [1844].

MARZANO, M., *La fine del desiderio. Riflessioni sulla pornografia*, Milano, Mondadori, 2013 [2003].

MCLUHAN, H. M., *The Gutenberg Galaxy. The making of typographic man*, Toronto, University of Toronto Press, 1966 [1962].

________, *Understanding Media. The extentions of man*, Toronto, Toronto University Press, 1962.

________, *Counter-blast*. Paris, Hurtubise, 1972 [1969].

________, "At the moment of the Sputnik the planet became a global theater in which there are not spectators but only actors", *Journal of Communication*, Vol. 24, N. 1, Toronto, 1974.

________, *Dall'occhio* all'orecchio, Roma, Armando Editore, 1982 [1977].

MCLUHAN, H. M.; FIORE Q., *The medium is the MASSAGE*, Toronto, Penguin Books, 2003 [1967].

MESSINA, S., *Real sex. Il porno alternativo è il nuovo rock'n' roll*, Milano, Tunué, 2010.

METZ, Ch., *Semiologia del cinema*, Milano, Garzanti, 1972 [1968].

MICHELI, M., *Le avanguardie artistiche del Novecento*, Milano, Feltrinelli, 2005.

MILLER, H., *Obscenity and the Law of Reflection*, New York, Argosy, 1945.

MISHIMA, Y., "Postfazione", en KAWABATA, Y., *La casa delle belle addormentate*. Milano, SE, 2007 [1969].

MITCHELL, W. J. *E-topia. "Urban life, jim – but not as we know it"*, Cambridge, MIT Press, 2000.

MONNEYRON, F., *Séduire. L'imaginaire de la séduction de Don Giovanni à Mick Jagger*, Paris, Imago, 2016.

MORIN, E., *Il cinema o l'uomo immaginario*, Milano, Feltrinelli, 1982 [1956].

________, *Le star*, Milano, Olivares, 1995 [1957].

________, *La méthode. Les Idées. Leur habitat, leur vie, leurs moeurs, leur organisation*, Paris, Seuil, 1991.

MOWLABOCUS, S., *Porno 2.0? La centralité de l'utilisateur dans la nouvelle industrie du porno en ligne*, en VöRöS, F. (org.), *Cultures pornographiques. Anthologie des porn studies*. Paris, Éditions Amsterdam, 2015.

NANCY, J-L. *Corpus*, Napoli, Cronopio, 2010 [1992].

________, *Il "c'è" del rapporto sessuale*, Milano, SE, 2002 [2001].

NIETZSCHE, F. W., *La gaia scienza,* Milano, Adelphi, 1989 [1882].

OTTO, W. F., *Dioniso*, Genova, il Melangolo, 2006 [1933].

OVIDIE, *Porno Manifesto,* Paris, Flammarion, 2002.

PALOMBA, I., *Io sono un'opera d'arte. Viaggio nel mondo della performance art.* Bari, Edizioni dal Sud, 2014.

PANCINO, C., "Marchese, fiori, mestruo", en PANCINO, C. (org.), *Corpi. Storia, metafore, rappresen-tazioni fra Medioevo ed età contemporanea,* Venezia, Marsilio, 2000.

PANOFSKY, E., *La prospettiva come forma simbolica,* Milano, Abscondita, 2013 [1931].

PARLANGELI, D. "Snapchat: 6 miliardi di visualizzazioni video al giorno", *Wired.* URL: http://www.wired.it/mobile/app/2015/11/09/snapchat-6-miliardi-video-giorno/

PICO DELLA MIRANDOLA, G.; E. GARIN (org.), *Oratio De hominis dignitate.* Pordenone, Edizioni Studio Tesi, 1994 [1486]

PIREDDU, M., "Tra macanza e desiderio. Cultura di massa, consumo e comunicazione in *Californication*", en LA ROCCA, Fabio; MALAGAMBA, A; SUSCA, V. (orgs.) *Eroi del quotidiano. Figure della serialità televisiva.* Milano, Bevivino, 2010.

PIREDDU, M.; TURSI, A. (orgs.), *Post-umano,* Milano, Guerini & Associati, 2006.

POZZI, M., *La filosofia di Moana,* Roma, Moana's Club, 1991.

PRAZ, M., *La carne, la morte e il diavolo nella letteratura romantica,* Milano, BUR, 2012 [1930].

PRECIADO, B., *Pornotopie. Playboy et l'invention de la sexualité multimédia,* Paris, Climats-Flammarion, 2011 [2010].

PROUDHON, P. J., *La pornocrazia o le donne nei tempi moderni,* Bari, Dedalo, 1979 [1875].

REGAZZONI, V., *Pornosofia. Filosofia del pop porno,* Firenze, Ponte alle Grazie, 2010.

ROMEO A. (org.), *Rodolfo Valentino. Un mito dimenticato,* Milano, Mimesis, 2014.

ROSSI-LANDI, F., *Metodica filosofica e scienza dei segni*, Milano, Bompiani, 1985.

RUGGIERI, F., *I segni del cinema*, Bari, Progedit, 2008.

SALMON, Ch., *Storytelling. La fabbrica delle storie.* Roma, Fazi, 2008 [2007].

SAINT-POINT, V., *Manifeste futuriste de la luxure*, en *Manifeste de la femme futuriste.* Paris, Mille et une nuits, 2005.

SCHELER, M., *Ordo amoris*, Brescia, Morcelliana, 2008 [1916].

SEGUIN, J-C. (org.)., *L'obscène.* Lyon, Grimh-LCE-Grimia, 2006.

SERVOIS, J., *Le cinéma pornographique*, Paris, Vrin, 2009.

SIFFREDI, R., "Rocco Siffredi ouvre son université 'Siffredi Hard Academy", *Huffington Post,* 6 oct. 2015.

SIMMEL, G., *La socievolezza*, Roma, Armando, 1997 [1908].

SINGH, M. *Clearing up confusion: deep web vs dark web.* URL:http://www.brightplanet.com/2014/03/clearing-confusion-deep-web-vs-dark-web/2014.

SPRINKLE, A.; STEPHENS, E. M. *Post-Porn Modernist*, Cleis Pr., Open Library, 1998.

SPRINKLE, A.; STEPHENS, E. M., *Ecosexual Manifesto,* sexecology.org, 2011.

STEELE, V. *Fetish. Moda, sesso e potere.* Roma, Meltemi, 2005 [1996].

STROSSEN, N. *Defending Pornography. Free Speech, Sex, and the Fight for Women's Rights*, New York, NYU Press, 1995.

SUSCA, V. *Gioia Tragica. Le forme elementari della vitta elettronica*, Milano, Lupetti, 2010.

______. "L'escrescenza o-scena di un incontro ravvicinato", en ATTIMONELLI, C.; D'OTTAVIO, A. (orgs.), *To be continued. I destini del corpo nei serial televisivi*, Bari, Caratterimobili, 2011.

______, "As correntes do erotismo: bem-vindos à pornocultura", en DA OLIVEIRA SIQUEIRA, D. (org.), *A construção social das emoções: corpo e produção de sentidos na comunicação*, Porto Alegre, Sulina, 2015.

______. *Les affinités connectives. Sociologie de la culture numérique*, Paris, Cerf, 2016.

SUSCA, V., DE KERCKHOVE, D., *Transpolitica. Nuovi rapporti di potere e di sapere*, Milano, Apogeo, 2008.

TIN, L.G., *L'invenzione della cultura eterosessuale*, Palermo, :duepunti Edizioni, 2010.

TISSERON, S., *L'intimité surexposée*, Paris, Ramsay, 2001.

TURKLE, S., *Alone Together*, New York, Basic Books, 2012.

______, *Reclaiming Conversation. The power of talk in a Digital Age*, New York, Penguin Press, 2015.

VIAN, B., "Utilità di una letteratura erotica. Testo di una conferenza tenuta al Club Saint James, Parigi, 16 giugno 1948", *Scritti potnografici*, Palermo, :duepunti Edizioni, 2007 [1948].

VIDAL, B., *Les représentations collectives de l'événement-catastrophe:* étude sociolo-gique sur les peurs contemporaines, Montpellier, Université Paul-Valéry, , 2012.

______, "Gif. L'Œuvre total", *Les Cahiers europèens de l'imaginaire*, N. 7, *Le Baroque,* Paris, CNRS éditions, 2015.

VINCENT, J-D., *Bienvenue en transhumanie. Sur l'homme de demain*, Paris, Grasset, 2011.

VöRöS, F. (org.), *Cultures pornographiques. Anthologie des porn studies*, Paris, Éditions Amsterdam, 2015.

WEBER, M., *L'etica protestante e lo spirito del capitalismo*, Milano, Rizzoli, 1991[1905].

______, *La scienza come professione. La politica come professione*, Torino, Edizioni di Comunità, 2001 [1919].

WIRED, Porno. Inchiesta Big data, Núm. 65, Sept. 2014.

ZIZEK, S., *Il godimento come fattore politico*, Milano, Raffaello Cortina, 2001 [1991].

Literatura y poesía

ALIGHIERI, D., "Purgatoire", en *Divina Commedia*, Firenze, La Nuova Italia, 1966 [1472].

ARTAUD, A., *Le Théâtre de la cruauté*, Paris, N.R.F., 1932.

BALLARD, J. G., *La mostra delle atrocità*, Milano, Feltrinelli, 2008 [1990].

BATAILLE, G., *Storia dell'occhio*, Milano, ES, 2008 [1928-45]

______, *Mia madre*, Milano, ES, 2001 [1966].

BAUDELAIRE, Ch. *Diari intimi*, Torino, Einaudi, 1960 [1955].

CHIRATTI A., DONNO S., *Prezzario della rinomata casa del piacere*, Lecce, Kurumuny, 2010.

DE SADE, F. A. F., *La Philosophie dans le boudoir*, Paris, Folio, 1992 [1795].

DICK, Ph. K., *Cronache del dopobomba*, Roma, Fanucci, 2006 [1965].

______, *Ma gli androidi sognano pecore elettriche?*, Roma, Fannuci, 2007 [1968].

______, *Valis*, Milano, Mondadori, 2000 [1981].

_______, *Rapporto di minoranza e altri racconti*, Roma, Fanucci, 2004 [2002].

HOFFMANN, E.T.A., *L'uomo della sabbia e altri racconti*, Milano, Mondadori, 1987 [1817].

HOUELLEBECQ, M., *Sottomissione*, Milano, Bompiani, 2015.

JAMES, E. L. *Cinquante nuances plus sombres*, Paris, Jean-Claude Lattès, 2012.

KAWABATA, Y., *La casa delle belle addormentate,* Milano, SE, 2007 [1969].

KOKOSCHKA, O., *Mirages du passé,* Paris, Gallimard, 1982 [1966].

MALLARMÉ, S., "Brezza marina", en *Poesie,* Milano, Feltrinelli, 1980 [1896].

MIRBEAU, O. *Il giardino dei supplizi,* Milano, Lupetti, 2009 [1899].

MÜLLER, H., *Hamletmaschine*, Paris, Les Éditions de Minuit, 1985 [1977].

PASCOLI, G., "Digitale Purpurea", en *Poemetti*, Torino, Einaudim, 1971 [1898].

POE, E. A., *La lettera rubata e altre indagini,* Roma, L'Orma, 2013 [1845].

RÉAGE, P., *Histoire d'O*, Milano, ES, 2009 [1954].

RIMBAUD, A., "La lettre du voyant", en *Œuvres complètes,* Paris, Gallimard,1972 [1871].

SADE, D. A. F., *La filosofia nel boudoir,* Milano, Bompiani, 1989 [1795].

VON SACHER-MASOCH, L., *La Vénus à la fourrure,* Paris, La Musardine, 2012 [1970].

Iconografía

BELLMER H., *Die Puppe, Carlsruhe: imprimé par Th. Eckstein*, 1934.

_______, *Storia dell'occhio*, Milano, SE, 2008 [1945].

_______, *Petite anatomie de l'inconscient physique ou l'anatomie de l'image*, Paris, Allia, 2016 [1957].

_______, *Unica Zürn*, en *Le Surréalisme, même*, N. 4, 1958.

BELLMER, H., BOURGEOIS, L. *Double Sexus*, Berlin, Ludion, 2010.

BERNINI, G. L., *La trasveberazione di Santa Teresa d'Avila*, 1647-1652.

BOSCH, H., *Le Jardin des délices*, 1480-90.

ITAGAKI, A., *Casa di Bambola*, Esposizione personale, Fabrica Fluxus Art Gallery, Bari, 2011.

KAUR, R., *Period*, 2015.

KOKOSCHKA, O., *Frau in Blau*, 1919.

LÉONARD de Vinci. *L'uomo vitruviano*, 1492.

MASSON, A. *Tète dans une cage et baillon avec une pensée sur la bouche*, 1938.

Sitografía

Beastgore.com

Beastie

Beurettetour.fr

Blog.snapchat.com

Chatroulette.com

AdopteUnMec.com

Dollforum.com

Facebook.com

Gaymaletube.com

Goatse.cx

Gorewish.com

Hardcandy.com

Hai2u.com

Instagram.com

Lilshock.com

Livejasmin.com

Lolitacity.com

Mypornbible.com

Pedoplanet. com

Porntub.com

PornHub.com

Realdoll.com

Redtube.com

Rotten.com

Rupikaur.com

Snapchat.com

Torturegarden.com

Urbandictionary.com

Youporn.com

Vice

Vor-Com.com

Vore.com

Wickedrealdoll.com

Wildgayvideos.com

Xhamster.com

Xvideos.com

FILMOGRAFÍA

2001 A Space Odyssey, Kubrick S., 1968.

Alice in Wonderland: a Musical Porno, Towsend B., 1976.

Alucarda, Moctezuma J. L., 1978.

Bang Gang, Husson E., 2015.

Cosmopolis, Cronenberg D., 2012.

Crash, Cronenberg D., 1997.

Dark Habits, Almodovar P., 1983.

Deep Web, Winter A., 2015.

Escola Penal de Meninas Violentadas, Meliande A., 1977.

eXistenZ, Cronenberg D., 1999.

Fifty shadows of grey (Cinquante nuances de Grey), Taylor-Johnson S., 2015.

Flavia, la monaca Musulmana (Flavia, the Heretic), Mingozzi G., 1974.

Gerontophilia, LaBruce B., 2013.

Grindhouse. Planet Terror, Tarantino Q. Rodriguez R., 2007.

Hexen (La Sorcelleire à travers les âges), Christensen B., 1922.

Hostel, Roth E., 2006.

Justine, le disavventure della virtù, Franco Jess J., 1969.

King Kong, Cooper M.C., Schoedsack E.B., 1933.

King Kong, Cameron J., 2005.

La bella Antonia, prima monica e poi dimonia, Laurenti M., 1972.

La piel que habito, Almodovar P., 2011.

The Erotic Adventures of Pinocchio, Allen C., 1971.

The Nun and the Devil /The Sisters of Satan, Paolella D., 1973.

Larry Flynt, Forman M., 1996.

Leva lo diavolo tuo dal... convento, Antel F., 1973.

Machete, Rodriguez R., 2010.

Metropolis, Lang F., 1927.

Metti lo diavolo tuo ne lo mio inferno, Albertini B., 1972.

New York Underground Collection, Kern R., 1984-93.

Nude Nuns with big Guns, Guzmán J., 2010.

Rape, Van Der Linden W., 1966.

Sacred flesh, Wingrove N., 1999.

Salò o le 120 giornate du Sodoma, Pasolini P-P., 1975.

School of the Holy Beast, Suzuki, N., 1974.

Springbreakers, Korine H., 2012.

Submission, Van Gogh T., 2004.

Suor Omicidi, Berruti G., 1978.

Modern Times, Chaplin C., 1936.

The Dreamers, Bertolucci B., 2003.

The right side of my brain, Kern R., 1984.

Videodrome, Cronenberg D., 1982.

Visions of Ecstasy, Wingrove N., 1989.

VIDEOGRAFÍA

Body Language, Queen, Mike Hodges (1982).

Erotica, Madonna, Fabien Baron (1992).

Flex, Chris Cunningham, música de Aphex Twin (2000).

Girls on film, Duran Duran, Godley & Cream (1981).

I want your sex, George Michael, Andy Morahan & George Michael (1987).

Justify my Love, Madonna, Jean-Baptiste Mondino (1990).

Relax, Frankie Goes to Hollywood, Bernard Rose (1983).

Sex Dwarf, Soft Cell, Tim Pope (1981).

Smack my bitch up, The Prodigy, Jonas Akerlund (1997).

Claudia Attimonelli y Vincenzo Susca

DOCUMENTALES Y SERIES DE TELEVISIÓN

Black Mirror, S1E1, "The National Anthem", 2011.

Californication, Showtime, USA 2007-2014.

L'Isola dei Famosi, Mediaset, Ita 2003-2015.

Loveline, MTV, Ita 2001-2008, 2010.

Master of Sex, Showtime, USA 2013.

Pop porn, Olivier Lemaire & Vincent Cocquebert, France 2015.

True blood, HBO, USA 2008-2014.

9 798525 129863